Fehlentwicklungen in der Haustierzucht

W0417763

Fehlentwicklungen in der Haustierzucht

Zuchtextreme und Zuchtdefekte bei Nutz- und Hobbytieren

Thomas Bartels und Wilhelm Wegner

40 Abbildungen, 1 Tabelle

Ferdinand Enke Verlag Stuttgart 1998

Dr. rer. nat. **Thomas Bartels**
Tierärztliche Hochschule Hannover
Tierschutzzentrum
Bünteweg 2
D-30559 Hannover

Prof. Dr. med. vet. **Wilhelm Wegner**
Institut für Tierzucht und Vererbungsforschung
Tierärztliche Hochschule Hannover
Bünteweg 17 p
D-30559 Hannover

Titelbild: Tigerteckel mit Merle-Faktor

Die Deutsche Bibliothek – CIP-Einheitsaufnahme

Bartels, Thomas:
Fehlentwicklungen in der Haustierzucht : Zuchtextreme und Zuchtdefekte bei Nutz- und Hobbytieren : 1 Tabelle / Thomas Bartels und Wilhelm Wegner. - Stuttgart : Enke, 1998
ISBN 3-432-28131-5

Das Werk einschließlich aller seiner Teile ist urheberrechtlich geschützt. Jede Verwertung außerhalb der engen Grenzen des Urheberrechtsgesetzes ist ohne Zustimmung des Verlages unzulässig und strafbar. Das gilt insbesondere für Vervielfältigungen, Übersetzungen, Mikroverfilmungen und die Einspeicherung und Verarbeitung in elektronischen Systemen.

© 1998 Ferdinand Enke Verlag, P. O. Box 30 03 66, D-70443 Stuttgart
Printed in Germany

Umschlaggestaltung: Gerhard Weitbrecht, 70825 Korntal-Münchingen
Schrift: 9/10 Times, DTP-3B2
Gesamtherstellung: druckhaus köthen GmbH, D-06366 Köthen

3 2 1

Vorwort

Fehlentwicklungen in der Tierzucht resultieren fast stets aus einer rigoros anthropozentrischen Einstellung der Züchter und Halter, ganz gleich ob aus kommerziellen oder „ideellen" Gründen. Rechtfertigen die einen ihr Tun mit wirtschaftlichen Notwendigkeiten, die ausschließlich dem Wohle der Konsumenten dienen, legitimieren die anderen ihr Schaffen mit Verweisen auf die Konservierung „wertvollen" Erbmaterials, die Erhaltung „lebendiger Kulturgüter" und die „Gestaltung von Tiermodellen im Rahmen biologischer Gesetzmäßigkeiten", wohl wissend, daß gerade hier die biologisch und veterinärmedizinisch vertretbaren Grenzen häufig weit überschritten wurden. So gilt es denn, nicht nur in der Züchterschaft und bei Tierhaltern ein Problembewußtsein zu schaffen, sondern auch den mit der Tierzucht und ihren „Produkten" befaßten Personenkreis (Fachwissenschaftler, Juristen, Politiker etc.) zu sensibilisieren.

Gerade Veterinärmediziner und Biologen unterschiedlicher Fachrichtungen dürfen sich von Tierproduzenten und Hobbyzüchtern nicht zu Vollzugsgehilfen degradieren lassen, sondern müssen die Auswirkungen fehlgeleiteter tierzüchterischer Aktivitäten offenlegen. Zweifellos haben Kritiker von züchterischen Auswüchsen keinen leichten Stand gegenüber kopfstarken Zuchtverbänden; „inkompetente Profilneurotiker, die vollenden wollen, was die Nazidiktatur nicht schaffte" sind noch die harmloseren Titulierungen, wie die Verfasser aus jahre- bzw. jahrzehntelanger Auseinandersetzung mit der Thematik erfahren mußten. Doch können nur offene Worte bestehende Mißstände in der Nutztier- und Hobbytierzucht beseitigen und damit im Sinne eines vorbeugenden Tierschutzes wirksam werden. Dazu möchte das vorliegende Buch einen Beitrag leisten.

Besonderer Dank gilt Frau Birgit Haßfurther für die liebevolle Anfertigung der Strichzeichnungen sowie Frau Dr. Maria F. Flachsbarth und Herrn Fred Werner für wertvolle Anregungen und die kritische Durchsicht des Manuskriptes. Nicht zuletzt danken wir dem Ferdinand Enke Verlag für die Möglichkeit, das vorliegende Werk einem breiten Interessentenkreis vorstellen zu können und Herrn Dr. Dr. Roland Itterheim für die vertrauensvolle Kooperation und jederzeit gewährte Unterstützung bei der Gestaltung des Buches.

Hannover, Sommer 1998 *Die Verfasser*

Inhalt

1 Einleitung

Seit nunmehr rund 10 000 Jahren versucht der Mensch mehr oder weniger erfolgreich, Wildtiere zu domestizieren, d. h. in seine Obhut zu nehmen und zum Haustier zu machen; ein Prozeß, der auch heute noch nicht zum Abschluß gekommen ist. Die Beweggründe für dieses nach Charles Darwin „größte biologische Experiment der Menschheit" sind recht vielfältig und haben sich bei verschiedenen Rassen im Laufe der Zeit z. T. gravierend verändert. War es in früheren Zeiten neben kultischen und religiösen Motiven (Opfertiere u. ä.) vorwiegend der Wunsch nach bequemer Nutzung von Produkten tierischer Herkunft (Fleisch, Haut, Wolle und Federn, Eier, Dung etc.), so tritt besonders seit der Jahrhundertwende und vor allem in „Wohlstandsgesellschaften" immer stärker die Haltung und Zucht von Haustieren zu Liebhaberzwecken hinzu (Übersicht bei Benecke, 1994).

Diese Aspekte berücksichtigen auch Herre und Röhrs (1990) in ihrem Versuch, den Begriff „Haustier" zu definieren. Sie beschreiben Haustiere als: „... Teile von Wildarten, bei denen unter den veränderten Umweltbedingungen eines Hausstandes im Laufe von Generationen ein unerwarteter Reichtum an erblich gesteuerten Entwicklungsmöglichkeiten zur Entfaltung kommt, den Menschen in Bahnen lenken, die ihnen zunehmend vielseitigen Nutzen bringen oder besondere Freude bereiten".

Aus dieser Charakterisierung geht bereits hervor, daß ausschließlich der Mensch die treibende Kraft in der Entwicklung der verschiedenen Haustierrassen ist. Er wählt nach seinem Gutdünken einzelne Tiere aus, die ihm aufgrund ihrer Eigenschaften oder ihrer Fähigkeiten besonders attraktiv erscheinen und daher zur Weiterzucht eingesetzt werden. Zur Verwirklichung bestimmter Zuchtziele sind vielfach spezielle Musterbeschreibungen als Leitlinien erstellt worden, in denen „Idealbilder" der verschiedenen Rassen in ihren Merkmalen beschrieben und abgebildet werden. Biologische Normen und Notwendigkeiten bleiben hierbei jedoch häufig genug vernachlässigt, und so verwundert es nicht, daß der Irrglaube, ein in Millionen von Jahren unter andauerndem Selektionsdruck entstandenes Wildtier durch willkürliche Festsetzungen wie auch immer gearteter Zuchtziele „veredeln" zu können, zahlreiche Haustierrassen (Nutz- und Hobbytiere gleichermaßen) an den Rand ihrer Existenzfähigkeit gedrängt hat.

Besonders krasse Beispiele fehlgeleiteter Züchtertätigkeit finden sich in den Zuchten sogenannter Rassetiere. Hier sind weder Haushund und Hauskatze noch Hauskaninchen, Ziergeflügel und Zierfische vom züchterischen Gestaltungsdrang verschont geblieben. Körperbau und Körpergröße haben sich ebenso wie Organstrukturen und Organfunktionen in vielen Fällen gewissermaßen als „Wachs in Züchterhand" erwiesen. Dabei ergeben sich geradezu zwangsläufig Beeinträchtigungen in der normalen Lebensführung der Tiere, die ursächlich häufig der eitlen Geltungssucht ihrer Züchter bzw. Besitzer zu verdanken sind. Leider nehmen immer noch viel zu viele

„Liebhaber“ Zuchtdefekte, Minderleistungen und Erkrankungsdispositionen ebenso wie Verhaltensanomalien bei ihren „Lieblingen“ ohne weiteres in Kauf, wenn es das hausgemachte und als „höchstes Gut“ angestrebte Zuchtziel erfordert – ob bewußt oder aus mangelnder Sachkenntnis der biologischen Zusammenhänge, sei dahingestellt. Darüber wird nicht vergessen und noch gebührend zu erwähnen sein, daß auch die konsum- und profitorientierte „Nutzung“ von Haustieren in Zucht und Haltung längst in Bereiche vorstieß, die nur noch als tierverachtende Ausbeutung zu charakterisieren sind.

2 Veränderungen von Körpergröße und Körpergestalt

2.1 „Proportionierter" Riesen- und Zwergwuchs

Die Körpergröße ist hoch heritabel, so daß schon die normale genetische Variation in einer Population für das Auftreten recht kleiner, aber auch sehr großer Individuen sorgen kann. Der natürliche Selektionsdruck spezieller Umwelten bedingt ein übriges: Man denke nur an Formen des „primordialen" Zwergwuchses in kargen Insel- oder Gebirgsbiotopen, z. B. bei Pferden (Shetlands), Ziegen (Ouessant), Kaninchen (Porto Santo) oder Rindern (Hinterwälder) oder an die frohwüchsigen, großrahmigen Genotypen in fruchtbaren, weiten Weidegebieten wie etwa die Kaltblüter oder Holstein-Friesians und einige Fleischrinderrassen. Auch die Efe-Pygmäen in Zaire, ausgewachsen 1,35 m im weiblichen, 1,42 m im männlichen Geschlecht, gehören in diesen Kontext (Diamond, 1991). Diese natürlichen „Zwerge" oder „Riesen" mit selektiv adaptiertem Hormonlevel oder modifizierter Endorgan-Reaktivität leiden somit nicht unter Dyshormonosen oder anderen Skelettwachstumsstörungen (Wegner, 1986), sondern sind robuste, fruchtbare Rassen, die noch dazu oft bei Verpflanzung in günstigere Umgebungen in wenigen Generationen wieder zum „Mittelmaß" tendieren. Das macht diese polygen bewirkten Varianten in der Tierzucht für Rassezüchter mit einem Faible für Extremformen der Verzwergung oder des Gigantismus relativ uninteressant. Diese greifen – leider – oft auf z. T. monogen fixierte pathologische Mutanten zurück und erheben diese in ihren „Rassestandards" zur Norm.

Beispiele dafür liefert insbesondere die Zucht der als Heimtiere sehr beliebten *Zwergkaninchen* (Wegner, 1997 c). Hier scheut man sich nicht, bei etlichen Farbzwergrassen und Hermelinkaninchen mit Letal- und **Semiletalfaktoren** zu operieren, die bei homozygoten Tieren perinatalen Tod oder **Kümmertum** auslösen. Vor allem dadurch, d. h. durch das verbreitete, aber tierschutzwidrige (§ 11 b Tierschutzgesetz) Festhalten an Heterozygoten-Verpaarung, erklären sich die geringen Wurfgrößen, die mit durchschnittlich ca. 3 Jungen weniger als die Hälfte normalwüchsiger Kleinrassen betragen (Guaguère, 1990), sowie die hohen Ausfall- und **Merzungsraten** (Schley, 1985). Diese Erbdefekte treten somit keineswegs „zufällig" auf (Schlolaut, 1997). Dabei wird unredlicherweise die Fiktion aufrechterhalten, die im „Standard" stehenden mischerbigen Zwerge (Dw/dw) seien durchwegs normal und „proportioniert", das „Dwarf"-Gen rezessiv und nur bei Homozygotie schädlich – eine uneinsichtigen Züchtern genehme Fehlinterpretation, die schon auf Nachtsheim (1958) zurückgeht. Doch hatten frühe Autoren bereits die unvollkommene Dominanz und durchschlagende Effekte von Dw auch in einfacher Dosis erkannt (Suchalla, 1943; Latimer und Sawin,

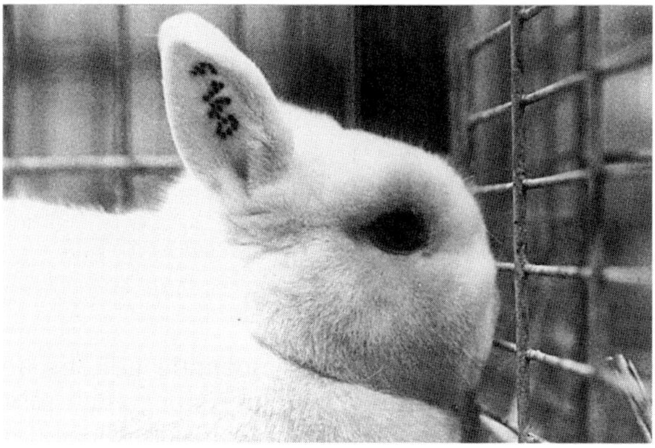

Abb. 1. Würfelkopf und Kurzohrigkeit, Charakteristika von Hermelin-Kaninchen.

1955), gilt mithin die Dw-Wirkung nicht mehr als einfaches Modell für rezessiven, hypophysären Zwergwuchs (Webber et al., 1981; Fox, 1994; Scholz, 1996). Denn diese „gnomenhaft-drollige" Varietät (Anon., 1987) zeigt in der Tat alle Stigmen – und damit Krankheitsneigungen – chondrodystrophoiden „Liliputanertums": verkürzte, verbreiterte Köpfe („Bollenköpfe"), „Froschmaul" und „Knopfaugen" (Abb. 1), nicht selten „unbeholfene, putzige" Bewegungen aufgrund von Gliedmaßendeformierungen sowie Stummelohrigkeit – zusammen mit der „schneeballartigen" Winzigkeit von den Züchtern durchaus gewollte und von einer uninformierten Käuferschaft favorisierte Kriterien eines umsatzfördernden „Kindchenschemas" (Reber, 1990).

Das bedingt folgende Erkrankungsdispositionen: **Geburtsschwierigkeiten** (Martin, 1984), **Malokklusion** und Elefantenzähne (Isenbügel, 1996), die ein wiederholtes, peinvolles Kürzen notwendig machen (Gorrel, 1996), **tränende Augen** aufgrund der Verlegung der Abflußkanäle (Barandun und Palmer, 1982; Wolf und Kamphues, 1996). „Zahnmißbildungen und Tränenaugen sind bei Dickkopfrassen an der Tagesordnung" meint denn auch der Züchter Scholz (1996) resignierend – er räumt zudem Gehörgangsanomalien bei übertriebener **Stummelohrigkeit** ein. Und wie von Extremzwergen bei Hunden bekannt, so bewirken eine insuffiziente Verknöcherung, eine Reduktion der Knochendichte auf den halben Wert – verglichen mit der Katze (Malley, 1994) – erhebliche **Fraktur-Dispositionen** (Lorinson et al., 1996): Es sind halt „babyhaft hilfsbedürftige" (Schmidt, 1992), verletzungsgefährdete Individuen (Breter, 1978; Krüger, 1994). „So zart und zerbrechlich wie die Zwergkaninchen wirken, sind sie auch. Deshalb eignen sie sich nicht als Spielzeug der Kleinkinder" (Beck, 1995). Es ist somit nicht akzeptabel, nur lakonisch festzustellen, daß man an einem entscheidenden Punkt den falschen Weg eingeschlagen hätte und eine Umkehr den Züchtern nicht zumutbar wäre (Schmitt, 1995), so daß sich eine „geschlossene" Gesellschaft" von „Spezialisten" bildete (Philipp und Hollmig, 1990; Scholz, 1996), in der viele „Mogeleien" passieren (Jagdmann, 1990) und die ihr Wissen in einer Zuchtbroschüre niederlegt, in der sie den ehrwürdigen Gregor Mendel statt mit Erbsen kurzerhand mit Bohnen hantieren läßt (Anon., 1987), die jedoch bei ihrem „Schöpfungsakt", bei der „Ausmerzung der unbrauchbaren Tiere", kein „Mitleid“ duldet. Ewiggestrigen, die unter Selektion nicht Zuchtwahl, sondern „den schnellen Griff zum Messer“ (Anon., 1994 e; Wurst, 1995) verstehen und die diese „bedarfsorientierte Selektion bei Nestlingen“ (Scholz, 1992), das rigorose Merzen ständig produzierter „Kümmerlinge“ gar als „humanistische Tat“ glorifizieren (Hempel, 1992), sind die Konsequenzen des Tierschutzgesetzes ins Gedächtnis zu rücken (Wegner, 1991; Wieberneit et al., 1992; Wieberneit und Wegner, 1993; Wegner, 1997 c). Plötzlich fühlen sich selbst angepaßte Wissenschaftler zu – wenngleich vorwiegend unsachlichen – diesbezüglichen Stellungnahmen aufgerufen, die jahrzehntelang dazu schwiegen (Rudolph, 1997; Schlolaut, 1997).

Dennoch: Es besteht Hoffnung, denn nunmehr melden sich vermehrt Einsichtige zu Wort, die den konstruktiven Dialog suchen (Klaeser, 1996; Wegner, 1996a). Dies ist dringend erforderlich, denn die absichtsvolle Förderung einer absatzdienlichen „Gnomenhaftigkeit“ – die es Kindern „angetan hat“ (Reber, 1990) – hat trotz anhaltender Zuchtproblematik diesen Zwergen eine starke Verbreitung unter Hobbyzüchtern und in Wohnstuben beschert (Swenshon, 1997) und eine **profitorientierte „landwirtschaftliche“ Massenproduktion** in sog. „Farmen“, die jeden, der sich kritisch zur Bedenklichkeit solcher Zuchten äußert (Wegner, NDR – „Hallo Niedersachsen“; 8. 12. 1995), mit 150 000,– DM-Klagen wegen „Geschäftsschädigung“ überziehen (Wegner, 1997 c). Solche Massenvermehrungen stehen einer zwecks Sozialkompatibilität dringend ratsamen, frühen Heranführung der Jungtiere an den Menschen entgegen (Hillyer, 1990); „ein Zwergkaninchen aus dem Zoogeschäft ... kratzt und beißt“ (Voßeler, 1990). Diese als „Streicheltiere“ für Kinder unter 12 Jahren ohnehin nicht geeigneten und besonders im Stoßgeschäft zu Weihnachten massiv vermarkteten Kaninchen (Hartmann et al., 1994) ließen sich dann „schweigend quälen“ (Apel, Dt. Tierschutzbund, Cellesche Zeitung vom 7. 11. 1996). Wer das Versandgeschäft mit Versuchskaninchen „anprangert“ (Speicher, 1991), sollte auch diesen lukrativen Versandhandel mit „Heimtieren“ nicht unerwähnt lassen.

Extreme Verzwergung, die Umfunktion des Wolfsabkömmlings *Hund* zum „Betthupferl“ zeitigte auch für diesen Hauscaniden ganz analoge, schwerwiegende Probleme. Unterschreitet hier das Körpergewicht ausgewachsener Tiere den Grenzwert von 1 kg, so geht man auch bei sog. „proportionalen“ Zwergen das Risiko schwerer **Skelettschäden** ein. Die Favorisierung eines primatenähnlichen „Kindskopfes“ bei diesen Kretins bedingt Tendenzen zu **Wasserkopf** (von Züchtern als „Apfelkopf“ verniedlicht; Abb. 2), zu pergamentdünnen Schädelknochen mit persistierenden Fontanellen („Molera“ = **Lückenschädel**; Abb. 3), was bei gleichzeitiger Verbreiterung der Köpfe zu **Schwergeburten und Traumatisierungen** prädisponiert (Wegner, 1995 c). Solche „Super-Mini“-Yorkies, -Chihuahuas, -Westies etc. rangieren hinsichtlich dieser Mißbildungen in einer langjährigen Sektionsstatistik einsam an der Spitze (Walter und Kirchhoff, 1995), d. h., sie nehmen mit der Verzwergung proportional zu (Selby et al., 1979) und gehen nicht selten mit anderen Skelettanomalien einher (Schultz und Watson, 1995; Itoh et al., 1996).

Auch bei vielen Pekinesen wird ein Vorfall des Gehirns in das abnorm erweiterte Hinterhauptsloch nur durch Bindegewebe verhindert (Simoens et al., 1994). Ihre „Rassenhydrozephalie“ scheint Hündchen wie Mops, Malte-

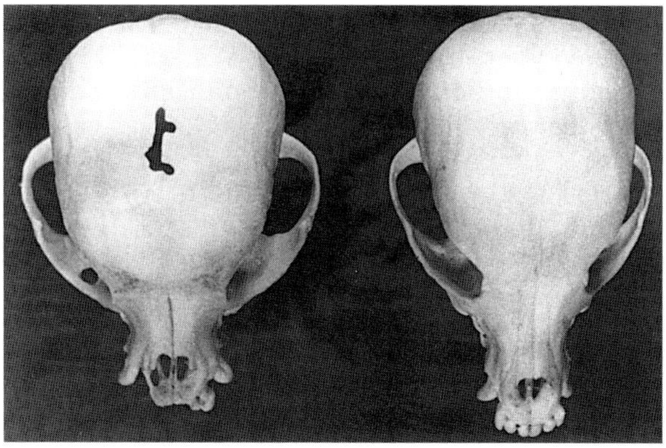

Abb. 2. Persistierende Fontanelle und Brachyzephalie bei einem Chihuahua (li.) im Vergleich mit einem Yorkshire-Terrier (re.) mit geschlossener Schädeldecke und geringerer Rundköpfigkeit.

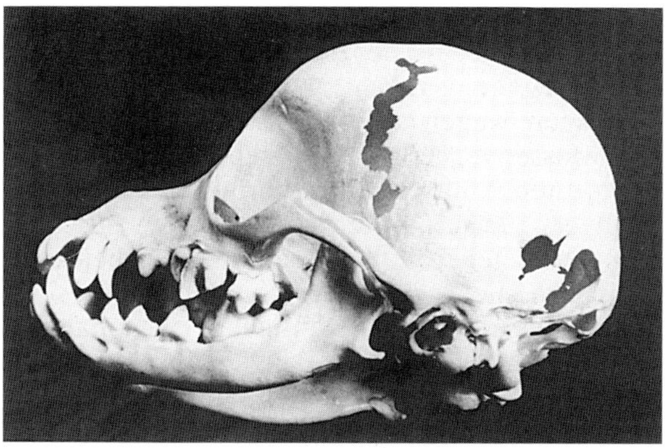

Abb. 3. Schädel eines durch Pantoffelwurf getöteten Yorkshire-Terriers.

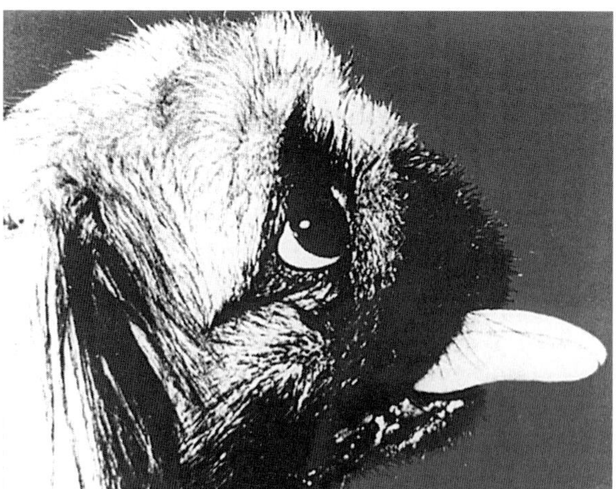

Abb. 4. Die Zuchtausrichtung auf Brachyzephalie, Nasenlosigkeit und hervorquellende Augäpfel bedingt bei Pekinesen und anderen betroffenen Toy-Rassen Atmungs-, Augen- und Geburtsprobleme.

ser und Yorkshires auch vermehrt anfällig für **Meningo-Enzephalitiden** zu machen (Cordy und Holliday, 1989; Tipold et al., 1993; Kobayashi et al., 1994; Stalis et al., 1995; Hinrichs et al., 1996). Zusammen mit den brachyzephalen Rassen (nasen- und kieferverkürzt) stellen diese auf „ausdrucksvoll" babyhaft vorquellende Augen selektierten Zwerge (Abb. 4) das Hauptkontingent der wegen Exophthalmus (**Glotzäugigkeit**), Augenverletzungen und Bulbusvorfall vorgestellten Individuen: Erblindung ist meist das Endresultat (Fritsche et al., 1996).

Daß, wie wir es schon bei den Kaninchenzwergen sahen, bei etlichen dieser hinsichtlich ihrer sonstigen Körperrelation durchaus „proportioniert" erscheinenden Zwerge ein chondrodystropher Habitus besteht, kommt in weiteren Dispositionen zum Ausdruck: Mediale Patellarluxationen (**Kniescheibenverrenkung**), bedingt durch genetische Insuffizienzen dieses Gelenks, imponieren besonders bei diesen kleinen Rassevertretern (Hayes et al., 1994) ebenso wie Fälle von Atemnot infolge **Kehlkopf- und Luftröhrenverengung** – bis hin zum völligen Kollaps der Knorpelringe (Turnwald und Hoover, 1994): Hier bilden Yorkshire Terrier, Zwergpudel, Zwergspitze, Westies und Malteser fast eine „verschworene Gemeinschaft" (White, 1995; Buback et al., 1996). Den Besitzern dieser kurzatmigen, hustenden – oft auch zu fetten – Krüppel wird geraten, den Tieren kein Halsband anzulegen und in ihrer Gegenwart nicht zu rauchen (White und Williams, 1994) – den Züchtern wird meist nichts empfohlen. **Knochenbrüche** häufen sich bei diesen Tierchen (Waters et al., 1993). Auch die – ähnlich wie bei Zwergkaninchen – seit langem bekannte Neigung dieser Gnome zu **Zahnschwierigkeiten** – insbesondere zu „scheinbarer" (aber sehr konkreter) Zahnüberzahl infolge persistierender Milchzahnreihen (Bodingbauer, 1946; Wegner, 1987) stellt überwiegend ein Objekt der Betrachtung ausgefeilter Reparaturtechniken dar (Clarke und Lobprise, 1994).

Gigantomanie bei Züchtern und Haltern schließlich kann für deren Zuchtprodukt, den übergroßen Hund, gleichfalls traurige Konsequenzen haben: Sie verkürzt seine Lebensdauer auf unter 10 Jahre, verschafft ihm **Gelenk-, Skelett- und Imageprobleme** und sorgt wegen der positiven Korrelation Widerristhöhe/Wurfgröße für eine **Welpenschwemme** (Wegner, 1995 c) – mit hohen perinatalen Verlust- und Merzungsraten (Tabelle 1). Zwar ist der Riesenwuchs bei *Doggenartigen* offenbar nicht direkt vergleichbar mit dem familiären Gigantismus (verbunden mit Akromegalie = einem disproportioniertem Größenwachstum von Kopf und Extremitäten) des Menschen – einer schweren **Dyshormonose** mit exzessiven Wachstumshormonspiegeln infolge meist adenomatöser Veränderungen der Hypophyse (Pestell et al., 1989), doch verblüfft die Parallelität der Phänomene: höchste Somatotropin- und Somatomedinspiegel (Eigenmann et al., 1988; Main et al., 1993), eine Tendenz dieser Giganten zu angeborenen **Herzfunktionsstörungen** (McCarthy, 1984; Happ et al., 1986; Wegner, 1995 c) und die **Reduzierung der Lebenserwartung** (Melmed, 1993). Die unförmigen „Kastenköpfe" (Abb. 5) zahlreicher *Bernhardiner* und anderer Riesenhunde schaffen die optische Parallele sowie eine Disposition zu **Schwergeburten**.

Die erwähnten Probleme am Stützapparat dieser Schwerkalibrigen entstehen vorwiegend dadurch, daß seine Reifung mit der Frohwüchsigkeit und

Tabelle 1 Wurfgrößen und Gesamtverluste verschiedener Hunderassen (aus Widmann-Acanal, 1992). WG = Wurfgewicht

Rasse	∅ WG Geburt	s	∅ WG Zuchtbuch	s	Gesamtverluste [%]
Afghane	6,71	2,22	6,09	2,24	9,21
Alaskan Malamute	6,27	2,52	5,61	2,49	10,57
Appenzeller Sennenhund	7,73	2,46	5,56	2,28	28,06
Barsoi	7,04	2,85	5,92	2,51	15,80
Beagle	5,15	1,86	4,84	1,90	6,07
Berner Sennenhund	7,56	2,91	5,83	2,30	22,88
Caval. King-Charles-Spaniel	4,40	1,66	3,99	1,64	9,41
Deerhound	7,71	3,62	6,00	2,85	22,16
Entlebucher Sennenhund	6,17	2,22	5,06	1,93	17,94
Golden Retriever	7,61	2,28	7,05	2,30	7,35
Greyhound	7,21	2,53	6,16	2,13	14,50
Gr. Schweizer Sennenhund	7,73	3,41	5,29	2,51	31,58
Irischer Wolfshund	7,45	3,07	6,12	2,84	17,76
Labrador Retriever	7,47	2,25	6,97	2,36	6,62
Malteser	2,77	1,03	2,40	1,05	13,48
Mops	4,89	1,76	4,00	1,81	18,20
Saluki	6,66	2,19	6,01	2,02	9,77
Samojede	5,79	2,13	5,26	2,15	9,23
Siberian Husky	5,26	1,85	4,95	1,87	5,97
Sloughi	7,72	2,62	6,82	2,39	11,61
Whippet	5,81	2,11	5,34	2,06	8,05
Windspiel	3,17	1,49	2,77	1,34	12,62

Gewichtszunahme nicht Schritt halten kann, so daß Prädispositionen zu **Hüftgelenksdysplasie**, **Osteochondrosen** (van Ryssen und van Bree, 1997) und Fehlstellungen wie X-Beinigkeit (Genu valgum) (Hach und Lenehan, 1995) resultieren; diese können bei einer intensiv-„treibenden" Fütterung noch forciert werden (Zentek et al., 1995). Das Ende ist dann oft **Knochenkrebs** (Bergmann et al., 1996) – wenn nicht schon zuvor die arthrotisch bewirkten Bewegungsstörungen eine Euthanasie erforderlich machten. Doch damit nicht genug: Der hohe Kaliberindex, die Tiefbrüstigkeit bedingt eine

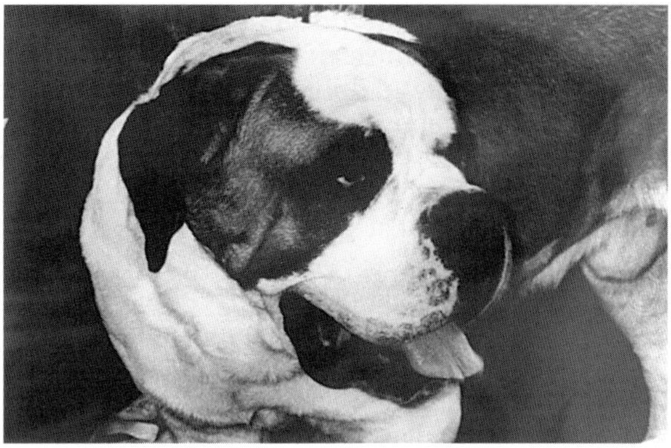

Abb. 5. Die unförmigen „Kastenköpfe“ zahlreicher Bernhardiner und anderer Riesenhunde schaffen eine Disposition zu Schwergeburten.

vermehrte Neigung zu **Magentorsionen** (Glickman et al., 1994; Michiels und Balligand, 1996), die letztlich tödlich enden, wenn sie nicht schleunigst chirurgisch versorgt werden (Eggertsdottir und Moe, 1995).

In Störungen des Hormonhaushalts begründete **Fruchtbarkeitsdepressionen** werden auch seit je von den „Gentle Giants“ der Hippologen berichtet: den *Kaltblutpferden*, die mit dem Shire schließlich z. T. eine Widerristhöhe von 2 m und mehr erreichen; so betrug die Abortrate unter Kaltblütern der Auvergne 13,1%, und 16% der Fohlen starben, bevor sie 3 Monate alt waren – die Placentaverhaltung betrug 19% (Bonnan, 1988).

Schlußendlich darf nicht vergessen werden, daß sich auch bei *Nutztieren*, insbesondere Schweinen und Geflügel, den oben diskutierten analoge, züchterisch zu verantwortende Gesundheitsstörungen einstellten, als man einseitig auf **rasante tägliche Zunahmen** und hohen Fleischansatz selektierte: Nahezu unisono wird seither aus diesen Zweigen der tierischen Produktion von Überhandnahme der Probleme durch „**Leg weakness**“ bei Schweinen und „**Dyschondroplasien**“ bei Puten und Broilern berichtet (Wegner, 1986). Auch die generelle Krankheitsanfälligkeit steigt dadurch an (Bayyari et al., 1997). Durch Hybridisierung und Indexselektion versucht man, dies in den Griff zu bekommen (Mitchell et al., 1997).

Riesen- und zwergwüchsige Varianten finden sich auch bei nahezu allen domestizierten *Vogelspezies* in artspezifisch unterschiedlichem Ausmaß und gehören neben Färbungsvarianten zu den auffälligsten Domestikationserscheinungen. Veränderungen der Körpergröße können dabei erheblichen Einfluß auf das Ausmaß physiologischer Leistungen ausüben. Allgemein bekannt sind beispielsweise die **Beziehungen zwischen Körpergewicht und Flugvermögen**. Mit der Zunahme des Körpergewichts erfolgt im intraspezifischen Bereich eine relative Verkleinerung der Tragflächen. Die daraus resultierende Erhöhung der **Flächenbelastung** der Flügel führt innerartlich zur Herabsetzung des Flugvermögens bis hin zur Flugunfähigkeit. Kleinere, proportionsmäßig der Wildform nahestehende Zuchtformen haben daher in der Regel ihre Flugfähigkeit (allerdings nicht zwangsläufig die Bereitschaft zu Flugaktivitäten) behalten, während großwüchsige und schwergewichtige Gänse-, Enten- und Hühnerrassen ihr Flugvermögen eingebüßt haben und auch Riesentauben weitestgehend flugunfähig sind (Herre und Röhrs, 1983). Parallel dazu scheint sich bei allen Riesenformen eine mehr oder weniger deutlich ausgeprägte Teilnahmslosigkeit eingestellt zu haben, die sich in herabgesetzter Bewegungsaktivität und einer gewissen Stumpfsinnigkeit äußert. Auch läßt die **Reproduktionsrate** solcher Varianten aufgrund der Unbeholfenheit der männlichen Tiere beim Tretakt nach, während weibliche Tiere, sofern sie noch selbst zur Brut schreiten, Ausfälle durch das Zertreten von Eiern bzw. Erdrücken von Küken verursachen können.

Diese Entwicklungen lassen sich nicht nur beim klassischen Hausgeflügel verfolgen, sondern zeigen sich gleichermaßen bei domestizierten Ziervögeln. Radtke (1984) und Vins (1993) weisen auf die Verhaltensveränderungen hin, die sich als Folge der Zucht auf Größen- und Massenzunahme bei sog. *Schauwellensittichen* eingestellt haben. Das gegenwärtige Zuchtziel stellen große Exemplare dar, die besonders durch ihre Kopfbreite und Kopfrundung auffallen, da diesen sog. „Kopfpunkten" bei der Bewertung große Bedeutung beigemessen wird. Mit der Zunahme von Körpermasse und Körpergröße scheint sich in vielen Zuchtlinien eine gewisse Lethargie eingestellt zu haben, die sich u. a. in **nachlassenden Fortpflanzungsaktivitäten** äußert. Des weiteren zeigt sich bei Schauwellensittichen eine Häufung von **Erkrankungsdispositionen und Fruchtbarkeitsdepressionen** (Gerlach, 1994). Vins (1993) fragt daher zu Recht, ob die Herauszüchtung immer massigerer Typen auf Dauer sinnvoll ist, da sich abzeichne, daß irgendwann nur noch fortpflanzungsunfähige Zuchtendprodukte auf Ausstellungen zu finden sind. Ähnliche Entwicklungen ließen sich vor einigen Jahren auch in der *Zebrafinkenzucht* feststellen. Auf Schauen wurden großkalibrige Exemplare bei den Prämierungen bevorzugt, wodurch in kurzer Zeit vorwiegend massige Tiere auf den Ausstellungen zu sehen waren. Da diese „Masttypen" ebenfalls recht schnell verringerte Reproduktionsraten und deutliche Vitalitätseinbußen aufwiesen, mußte verbandsintern durch Angabe einer Richtgröße im Rassestandard gewissermaßen die Notbremse gezogen werden.

2.2 Muskelhypertrophien und -dystrophien

Als Selektionsmerkmal in der ökonomischen Gewichtung an 2. Stelle nach den Tageszunahmen steht die **Fleischwüchsigkeit** bei Schlachttieren: Sie entscheidet über Handelsklasse und Bezahlung. Dieser Anreiz hat solchen Tieren Zuchtziele beschert, die man nur noch als Streben nach **pathologischer Muskelfülle** bezeichnen kann – mit allen schädlichen Auswirkungen (Wegner, 1986). Vor allem die *Fleischschweine* wurden Opfer solcher Bestrebungen: Nicht nur, daß ihr „herabdomestizierter" **Kreislauf- und Endokrinapparat** (Wegner, 1971 a, b) wegen der zügigen Zunahmen (und aus Mangel an Training) bei einem Mastendgewicht von 100 kg noch infantil und einer ordnungsgemäßen Durchblutung solcher Muskelmassen und Aufrechterhaltung der hormonellen Homöostase unter Streß gar nicht gewachsen ist, es treten auch „korrelierte Effekte" auf, die sie zusätzlich zu **PSE-Fleisch** (pale, soft, exudative), **PSS** (Porcine stress syndrome) und **MHS** (Maligne-Hyperthermie-Syndrom) prädisponieren.

So rangierten in einer Todesursachen-Statistik bei Mast- und Zuchtschweinen „**Belastungsmyopathien**“ gleich nach Herz-Kreislauf-Störungen (Hellmers, 1986). Das einseitig ökonomisch ausgerichtete Zuchtziel begünstigte Gen-Mutationen, die zwar permissiv für eine abnorme Muskelfülle (bei geringem Fettgehalt) waren, gleichzeitig jedoch zu einem Stoffwechselzusammenbruch unter Streß oder bei Einwirkung bestimmter Pharmaka führen. Hier sind vor allem das Muskelenzym-Gleichgewicht (Bickhardt, 1983) und der Ca-Haushalt des Muskels gestört (Mickelson et al., 1987; Ohta et al., 1989), wenn ein regulierendes Gen (**Ryanodin-Rezeptorgen**) durch Punktmutation verändert ist (Otsu et al., 1991; MacLennan und Phillips, 1992) und die Muskulatur nach streß- oder z. B. **halothaninduzierter** Kontraktion nicht wieder erschlaffen kann: **Dauerkrämpfe** und MHS resultieren (Shomer et al., 1993). MHS ist auch vom Menschen bekannt und macht diesen Genotyp – ähnlich wie beim Schwein – für tödliche **Narkosezwischenfälle** anfällig, wenn nicht gezielte Gegenmaßnahmen ergriffen werden (Schulte-Sasse und Eberlein, 1987; Henke et al., 1995). Die Verwendung des genannten, auch aus anderen Gründen suspekten Inhalationsnarkotikums (Leberschäden, diagnostische Ungenauigkeiten) (Rempel et al., 1993; Larsen, 1996) zur Ermittlung anfälliger Genotypen beim Schwein kann heute durch direkten **Gen-Test** ersetzt werden (Anon., 1991). Insbesondere die „**Doppellender**“ unter den Schweinen, *Piétrains* und *Belgische Landrasse*, sind „halothanverseucht“ (wie Landwirte dies laienhaft ausdrücken), „infizierten“ als Kreuzungspartner auch andere Rassen, und man hat alle Mühe, sie von dieser angezüchteten „Konstitutionsschwäche“ wieder zu befreien (Hanset et al., 1995). Dabei geht man wieder einen faulen Kompromiß ein, indem man versucht, die Heterozygoten (Vererber) wegen Schlachtkörpervorteilen (Leach et al., 1996) in der Population zu erhalten und vor allem bei Muttertieren gegen Homozygote selektiert (Hanset et al., 1995) – diese zeigen jedoch bei Mischerbigkeit Fruchtbarkeitsdepressionen (Nyström und Andersson, 1993). Piétrain-Eber haben gleichfalls starke Probleme mit **Deckunvermögen** und „**plötzlichem Herztod**“ (Egle, 1988; Caugant et al., 1989). Für die Intensivzüchter wird der streßstabile Pietrain aber erst kommen, „wenn er Leistung bringt“ (Niggemeyer, 1997).

Gestörtes Reproduktionsvermögen resultiert auch, wenn man *Fleischrinder* auf extreme „Behosung“, auf „Doppellendigkeit“ selektiert, ein Zuchtziel z. B. bei *Blau-weißen Belgiern (*Abb. 6). „Doppelte Lenden und kaum Fett“ (Papstein und Ender, 1997) bei gleichzeitig zarterem Skelett bewirken, daß die Mehrzahl der Kälber in der genannten Rasse per **Kaiserschnitt** geholt werden muß (Mijten und de Kruif, 1995) und dieser Eingriff in Belgien so gang und gäbe ist wie anderenorts das Klauenschneiden (Nash, 1989). Bei Vornahme von 3 bis 4 Sectiones pro Tag wird dann der Operateur in der Tat sehr geübt und erfolgreich (Nash, 1993). Aber auch bei Verwendung dieser Rassen als Kreuzungspartner werden aufgrund der nur partiellen Rezessivität dieses Phänomens (Dunner et al., 1996; Anon., 1996 a) viele **Schwergeburten** induziert und Routine-Schnittentbindungs- und Paarungsstrategien entwickelt, um wirtschaftliche Verluste gering zu halten (Arthur, 1995). Die fast regelmäßig in Handelsklasse E oder S rangierenden Schlachtkörper dieser Tiere stellen zweifellos einen Anreiz dar, doch ist die-

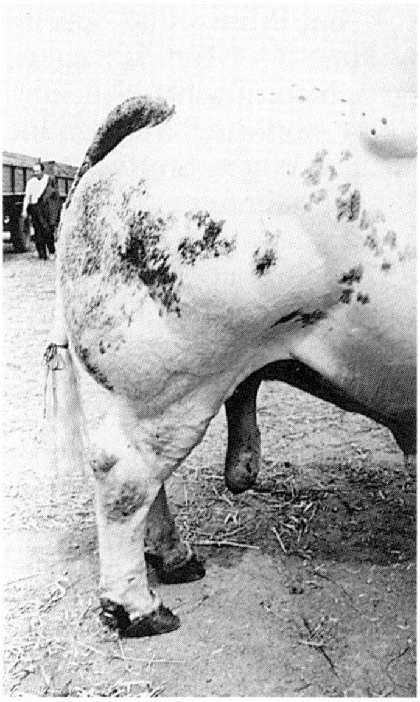

Abb. 6. Doppellendigkeit, Zuchtziel bei Blau-weißen Belgiern.

ses Zuchtziel auch deswegen tierschutzrelevant, weil „Doppellender“ vermehrt unter **Atmungs- und Kreislaufinsuffizienzen** leiden (Amory et al., 1994; Lekeux et al., 1994; Stavaux et al., 1994), insbesondere unter dem Streß einer nicht optimalen Haltung und Fütterung.

Texelschafe im holländischen „Piétraintyp“ – mit mächtiger Keule und breitem Kopf – neigen gleichfalls zu **Schwergeburten**; im deutschen Zuchtziel versucht man dem entgegenzuwirken (Heyl, 1994). Sie verdanken ihre Muskelhypertrophie aber nicht dem neuerdings propagierten „Callipyge“-Gen, das diesbezüglich unverdächtig sei; nur das Fleisch soll zäher sein (Field et al., 1996).

Rigoroses, aber kurzsichtiges Rentabilitätsdenken bürdete auch den *Puten* gesundheitliche Probleme auf, die stark an die Selektion auf Wachstumsintensität und **Überbetonung der Brustmuskulatur** („Putenschnitzel“) gekoppelt sind: **Ödematöse und dystrophische Muskelveränderungen** sowie **Brustblasen** nehmen überhand (Sosnicki et al., 1988; Wilson et al., 1990). Die gewaltige Pectoralis-Ausprägung macht die Puter überdies so vorderlastig, daß sie **kaum noch zu normalem Tretakt fähig** sind, so daß künstliche Besamung die einzige Fortpflanzungsmöglichkeit bleibt (Carte und Leighton, 1969); Änderungen der Zucht- und Haltungsstrategien werden gefordert (Leenstra, 1993; Pym, 1993; Müllers, 1996).

Da *Hunde* im asiatischen Raum und anderenorts (Anon., 1994 a) bis heute gegessen werden (und auch bei uns erst vor ca. 10 Jahren als „schlachtbare Haustiere“ aus dem Fleischbeschaugesetz gestrichen wurden), nimmt es nicht wunder, daß erbliche **Myotonien** vor allem beim *Chow-Chow* beschrieben wurden (Farrow, 1988), jenem „eßbaren Chinesenspitz“ (Anon., 1971). Diese dürften durch Favorisierung der Schinkenwüchsigkeit und Stuhlbeinigkeit gefördert werden.

2.3 Variationen der Kopfform

Der Kopf war schon immer liebstes Objekt anthropozentrischer Gestaltungssucht – nicht nur in der Fancyzucht; man denke nur an die klar modellierten „Hechtköpfe“ (Koheilan etc.) der Araberpferde, an das Zuchtziel „Hörnerzahl“ bei Schafen (Vierhornschaf) oder an die kuriose Forderung der Trophäenjäger, Rehe auf Geweihgewicht zu selektieren (Wegner, 1986).

Dieser Drang treibt beim *Hund* jedoch die exzessivsten Blüten. Neben den schon bei extremer Verzwergung diskutierten Effekten und dadurch vorprogrammierten Neigungen zu Wasserkopf (Henniger und Hittmair, 1994; Grappendorf, 1995), zu Vorfall des Augapfels oder seiner Hilfsorgane (Christmas, 1992; Petrick, 1996) sowie zu Augenverletzungen (Gilger et al., 1995) werden diese Anfälligkeiten durch **übertriebene Brachyzephalie** (s. Abb. 4) noch akzentuiert und durch andere erweitert (Vainisi und Packo, 1995). Nasenbein und Kieferknochen unterliegen stärkster Verkürzung, was durch Verwendung **semidominanter Chondrodystrophie-Mutanten** erzielt wurde (Wegner, 1995c). Viele dieser fast nasenlosen, oft mit **Verengungen oder Spaltbildungen** im Nasen-Gaumen-Rachen-Bereich geschlagenen Hunde wie etwa „typvolle“ *Pekinesen*, *Toy-Spaniels*, *Bullies* etc. sind respiratorische Krüppel; sie haben halt **BAOS** (brachycephalic airway obstruction syndrome), wie der Angelsachse lakonisch feststellt – und der Tierarzt kann viel an ihnen herumbasteln. „Der Schädel ist in der Länge verkürzt, das zugehörige Weichgewebe (Haut, Bindegewebe etc.) jedoch nicht proportional reduziert, so daß zuviel davon auf zu engem Raum die Luftwege verstopft“ (Harvey, 1989). Dies kann **Aspirationspneumonien**, **Hitzschlag** oder gar **Lungenödeme** nach sich ziehen, wie öfter von Bullies berichtet wird (Drobatz et al., 1995, 1996). Berner-Sennenhund-Züchter verstiegen sich gar einmal dazu, „Doppelnasen“ als „Seftigschwender“-Rarität zu züchten.

Die durch Verkürzung der Schnauze, aber auch durch gezielte Zuchtwahl geförderte starke **Gesichtsfaltenbildung** in diesen und vielen mastiff- und doggenähnlichen Rassen bedingt zudem eine ausgeprägte Disposition zu **Faltenekzemen** und entzündungsförderndem Klaffen der Lidspalte (**Ektropium**; Abb. 7; Bedford, 1996). Bei solchen faltenreichen Rassen mit zugleich tief versenktem Augapfel („Skowl“) entsteht andererseits so vielfach auch eine abnorme Verengung der Lidöffnung (**Entropium**; Abb. 8), was bei Einwärtsbiegung der Lidränder zu Augenentzündung und Blindheit führen kann. Hier sind *Chow-Chow* und *Shar-Pei* herausragende Opfer züchterischen Fehlverhaltens. Schon Welpen werden durch „Abnäher“ die Falten gerafft („getagt“, von engl. to tag), ein hoher Prozentsatz muß später dennoch operiert werden (Schoofs, 1995).

Extreme Breitschädeligkeit – schon bei Welpen ausgeprägt – erhöht zudem die Neigung zu **Schwergeburten**; so ist die Kaiserschnittrate bei Bernhardinern, Boxern, besonders aber bei Bulldogs (Abb. 9) überdurchschnittlich hoch (Wegner, 1995 c). Brachyzephale Rassen haben überdies eine erhöhte Tendenz zu **Wirbelsäulenanomalien** (Ruberte et al., 1995). Die morphologische **Zwangs-„Verkindlichung“** geht in diesen Rassen zugleich mit einer **Verarmung des kommunikativen Verhaltensrepertoires** einher, die sie sehr weit vom Wildhund entfernte (Goodwin et al., 1997).

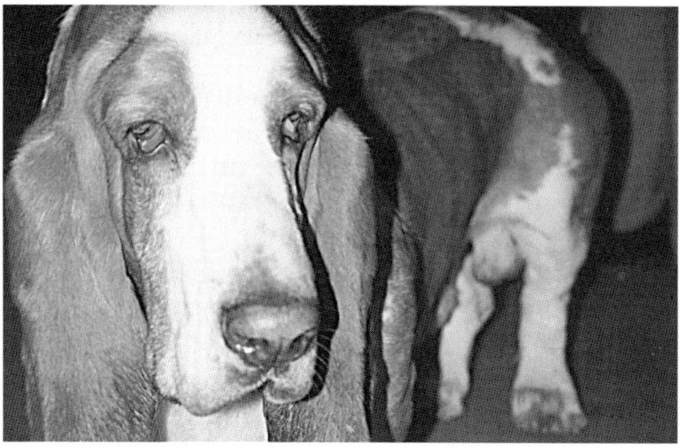

Abb. 7. Ektropium beim Bassethound

Abb. 8. Abnorme Verengung der Lidöffnung beim Chow-Chow. (Entropium)

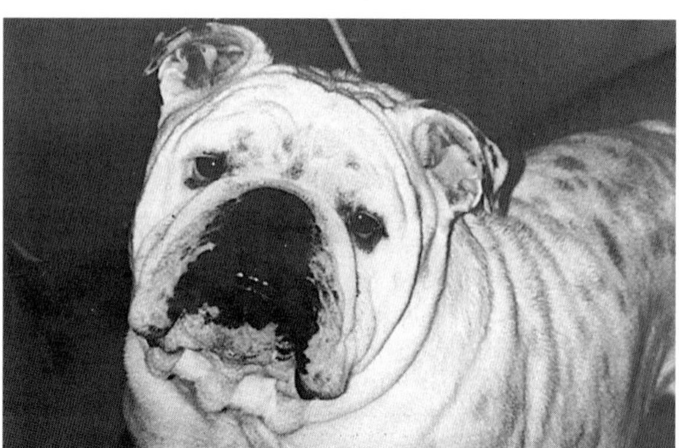

Abb. 9. Englische Bulldogge mit Vorbiß und verbreitertem Schädel; Dispositionen für Geburts- und Atmungsprobleme.

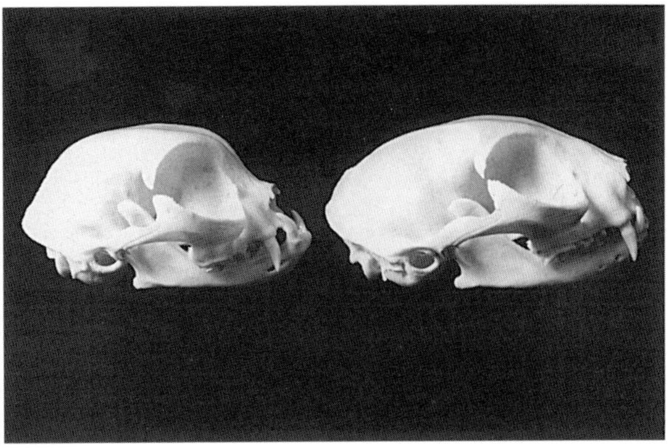

Abb. 10. Schädelpräparate einer Perserkatze (li.) mit ausgeprägter Mopsköpfigkeit („peke-faced") und einer Kurzhaarkatze (re.) mit normalen Schädelverhältnissen.

Solche unguten Bestrebungen der Zucht auf Kurz- und Breitköpfe zeichnen sich auch seit längerem in Linien „typvoller" *Perserkatzen* ab (Abb. 10). Das hat ganz analoge negative Konsequenzen: verstärkte **Gesichtsfaltenbildung**, Irritationen und **Schädigung der Cornea** (Hornhautsequester) (Heider, 1993), Malokklusionen und vermehrte **Geburtsstörungen** (Ekstrand und Linde-Forsberg, 1994), die zugleich die perinatale Mortalität erhöhen (Gunn-Moore und Thrusfield, 1995). Es konnte nicht ausbleiben, daß dieses „peke-faced" Design auch der Kurzhaarkatze angetan wurde. Man kreierte so die Variante „*Exotic Shorthair*" – denn nur exotische Tierchen erlösen exotische Preise. Genetische Schädeldeformationen sorgen zunehmend auch in Burmesen für **Augenprobleme**, z. B. Vorfall der Nickhautdrüse (Whitley et al., 1993).

Beim *Zwergkaninchen* führt die Selektion auf ausgeprägte Rundköpfigkeit (s. Abb. 1) ebenfalls zur Häufung von zuchtbedingten **Zahnstellungsanomalien** (vgl. Kap. 2.1), die sich nicht langfristig korrigieren lassen, denn das Abschleifen überlanger Zähne stellt lediglich eine kosmetische Korrektur dar, erzeugt jedoch keine normalen, sich selbst regulierenden Gebißverhältnisse (Isenbügel, 1996).

Erhebliche Schädelveränderungen in Form **blasig aufgetriebener Stirnbeine**, **Deformationen der nasalen Zwischenkieferäste und der Nasenbeine** sowie weiterer kranialer Skelettelemente sind charakteristische Kennzeichen von *Haubenhühnern* (Abb. 11). Requate (1959) konnte nachweisen, daß die aberrante **Schädelform** dieser Hühnerrassen ursächlich aus einer frühembryonalen Umkehr der **Wachstumsrichtung des Telencephalons** resultiert, die zu einer Aufwölbung der Großhirnhemisphären führt. Dadurch wird im weiteren Verlauf der Ontogenese die Ausbildung einer halbkugelförmigen **Schädelprotuberanz** induziert. Das Großhirn wird bei adulten Tieren aus diesem Grunde vollständig von einer Knochenkapsel umschlossen, weshalb im eigentlichen Sinne kein Hirnbruch vorliegt. Allerdings erfolgt die Ossifikation der Schädelvorwölbung völlig regellos und schreitet vergleichsweise zögerlich voran, denn im Gegensatz zu Haushühnern mit normalem Schädelbau sind selbst bei 180 Tage alten Haubenhühnern die Stirnbeine noch immer nicht vollständig verknöchert, sondern im wesentlichen

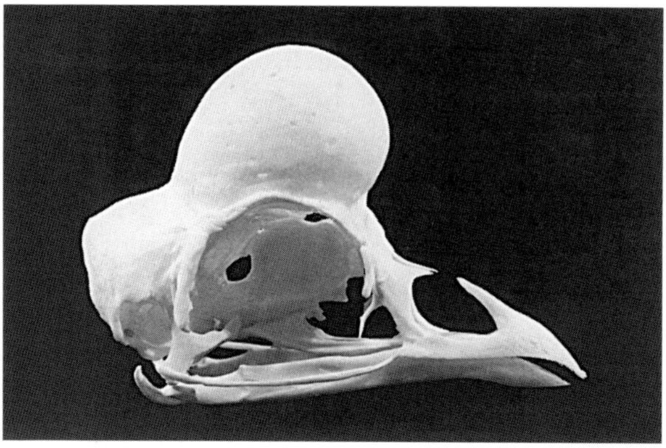

Abb. 11. Schädelpräparat einer adulten Holländer Zwerg-Weißhaube.

bindegewebig präformiert und enthalten lediglich verstreut einzelne Knochenschuppen bzw. -stege.

Bei *Haustauben* haben sich **Kopfform**, **Schnabellänge** und **Schnabelkrümmung** unter der „formenden Hand" der Züchter ebenfalls als ausgesprochen plastisch erwiesen, wobei Schnabellänge und Kopfform offenbar eng miteinander korreliert sind. Während stummelschnäblige Zuchtformen i. d. R. gewölbte, **kugel- oder würfelförmige Köpfe** aufweisen (Abb. 12), sind extrem langschnäblige Taubenrassen durch gestreckte, abgeflachte Schädel charakterisiert (Abb. 13). Phänokopien dieser Kopfmorphologie konnten interessanterweise bei normalschnäbligen Haustauben sowie *Lachtauben* experimentell induziert werden, indem nestjungen Taubenküken gelatinöse Salzlösungen unter das Schädeldach injiziert wurden. Harms (1938) vermutet daher, daß ein extrem **langschnäbliger Streckschädel** bei der Taube als Resultat eines genetisch fixierten Hydrocephalus zu werten ist. Nach Engelmann (1973) sollen darüber hinaus durch die steil abfallende Hinterkopfpartie solcher Rassen Hirnfunktionen, insbesondere des Kleinhirns, beeinträchtigt werden.

Extreme Kurzschnäbligkeit gilt bei einigen Rassen aus der Gruppe sogenannter „*Tümmlertauben*" und insbesondere bei zahlreichen *Mövchen-Tau-*

Abb. 12. Einfarbiges Mövchen. Typisch für diese Rasse sind Kugelkopf und extreme Kurzschnäbligkeit.

Abb. 13. Deutscher Langschnäbliger Tümmler mit Streckschädel.

ben als das Maß aller Dinge. Gerade bei letzteren wird im Züchterjargon nicht mehr vom Schnabel geredet, sondern verniedlichend vom „Mäulchen" geschwärmt, welches, korrekt eingebaut, Kurzschnabel-Mövchen zum „Adel der Taubenwelt" werden läßt (s. Abb. 12). Daß derartige Übertypisierungen erhebliche **Funktionseinbußen des Schnabelapparates** in sich bergen, ist zwar bekannt, wird aber gern heruntergespielt. So wird unter Verweis auf die hausgemachten Rassestandards anstandslos akzeptiert, daß kurzschnäblige Taubenrassen ihren eigenen Nachwuchs nicht mehr bis zum Selbständigwerden mit Nahrung versorgen können, da eine Atzung der Jungtiere mit den verbliebenen Schnabelstummeln unmöglich ist. Gerechtfertigt wird diese Vorgehensweise mit dem Argument, daß man die Tiere „rassegerecht" halte, wozu aus Züchterperspektive u. a. gehört, daß **normalschnäbligen Ammentauben** obligatorisch die Aufzucht übertragen wird. **Schlupfschwierigkeiten** kurzschnäbliger Küken aufgrund mißgebildeter Eizähne sowie **Schnabelmißbildungen und Verwachsungen des Schnabelhorns** infolge unzureichender Abnutzung werden ebenfalls als negative Folgen der Selektion auf extreme Schnabelverkürzung beschrieben (Marks, 1989). Forderungen nach einer im Rassestandard fixierten, rassespezifischen Mindestschnabellänge, die alle für Selbstaufbau, Selbsterhalt und Fortpflanzung erforderlichen Schnabelfunktionen einschließlich der Fähigkeit, die eigenen Küken bis zu deren Selbständigkeit hinreichend zu versorgen, gewährleistet, wurden bislang als indiskutabel von den Zuchtverbänden abgetan. Die Tiere befänden sich schließlich in den Händen verantwortungsbewußter Züchter, die großen Wert auf rassegerechte Haltung legten, und hierzu gehöre bei der Zucht extrem kurzschnäbliger Taubenrassen nun einmal auch der Einsatz von Ammentauben. Bereits die Kreation derartiger völlig unbiologischer Rassestandards sowie das starre Festhalten an solchen antiquierten und unter Tierschutzaspekten gewiß nicht mehr zeitgemäßen Schönheitsidealen lassen bezüglich des Verantwortungsbewußtseins allerdings leider erhebliche Defizite erkennen.

Auch die **Schnabelform** ist bei Haustauben diversen züchterischen Veränderungen unterworfen worden. Neben keilförmig gestreckten Schnäbeln zeigen viele Rassen einen mehr oder weniger abwärts gebogenen Schnabelverlauf. Besonders ausgeprägt zeigt dieses Merkmal die *Nürnberger Bagdette*, deren Schnabel eine halbkreisförmige Verlängerung der Kopfbogenlinie bilden soll. Vor nicht allzu langer Zeit war es durchaus noch üblich, der Natur ein wenig nachzuhelfen, indem bei Nestlingen dieser Rasse die angeborene Schnabelkrümmung manuell durch Biegen und Kneten des noch weichen Schnabels in die gewünschte Form gebracht wurde. Mittlerweile ist man von derartigen tierquälerischen Prozeduren erfreulicherweise abgekommen, wenngleich in Züchterkreisen mitunter kritisiert wird, daß dadurch ein wichtiges Rassekriterium verschwunden sei und Nürnberger Bagdetten sich nun kaum noch von phänotypisch ähnlichen Rassen unterscheiden lassen.

Selbst unter den Hausentenrassen findet sich eine Variante mit abwärts geneigtem Schnabel, die *Krummschnabel-Ente*. Der Krummschnabel soll angeblich, zusammen mit einem weißen Brustlatz, als Feldkennzeichen kreiert worden sein, um diese ehemals noch voll flugfähigen Hausenten für pirschende Weidmänner von wildlebenden Stockenten abzuheben (Schmidt, 1996). Über die Effizienz dieser Identifizierungshilfe wird allerdings nicht berichtet.

Umformungen der Schädelmorphologie finden sich nicht nur bei Haussäugern und domestizierten Vögel, sondern sind auch bei verschiedenen *Zierfischen* züchterisch manifestiert worden. Deformationen des Kopfskelettes und Kiemendeckelverluste bzw. -mißbildungen lassen sich auch in natürlichen Fischpopulationen in unterschiedlicher Häufigkeit nachweisen und sind vermutlich zum Teil traumatischen Ursprungs, können allerdings auch genetische Ursachen haben. Kirpicnikov (1987) rechnet derartige Aberrationen ebenso wie Beschuppungsunregelmäßigkeiten und Beflossungsveränderungen (s. u.) zu den sog. „**phänodevianten**“ **Veränderungen**, die eine Zwischenstellung zwischen qualitativen und quantitativen Merkmalen einnehmen. Genetisch lassen sich solche Umgestaltungen nur bedingt analysieren, da das Auftreten einer phänodevianten Anomalie milieuabhängig ist und daher maßgeblich von Umweltparametern wie beispielsweise Ernährung, Wassertemperatur und Wasserchemismus bestimmt wird (Sager, 1963).

Recht häufig finden sich Schädelveränderungen in Form einer **Verkürzung des Neurocraniums bei gleichzeitiger Stauchung assoziierter Skelettelemente** bei extremen Zuchtformen des *Goldfisches*, die damit den mopsköpfigen Typen anderer Haustiere entsprechen (Dobkowitz, 1962). Vergleichbare Schädeldeformationen weist nach Kölle und Hoffmann (1997) auch eine als sog. „*Neongrundel*“ bezeichnete Farbvariante der *Schwanzfleck-Schläfergrundel* (*Tateurndia ocellicauda*) auf. Als „*parrotfish*“ werden Zuchtformen einer bisher nicht näher identifizierten Cichlidenspezies im Fachhandel vertrieben, die möglicherweise gentechnisch verändert wurden und insbesondere durch ihren **stark deformierten Kopf mit abnorm verkleinerter Mundöffnung** auffallen. Dadurch können diese sich als Buntbarsche normalerweise überwiegend räuberisch ernährenden Fische nur noch fein granuliertes „Spezialfutter“ aufnehmen und gelten damit als idealer – da keine potentielle Gefahr für kleinere Beckeninsassen darstellender – Besatz für ein Gesellschaftsaquarium (Kölle und Hoffmann, 1997), geradezu ein Paradebeispiel für die **Konfektionierung von Heimtieren**.

Abb. 14. Teleskopauge, eine exophthalmische Goldfisch-Zuchtform.

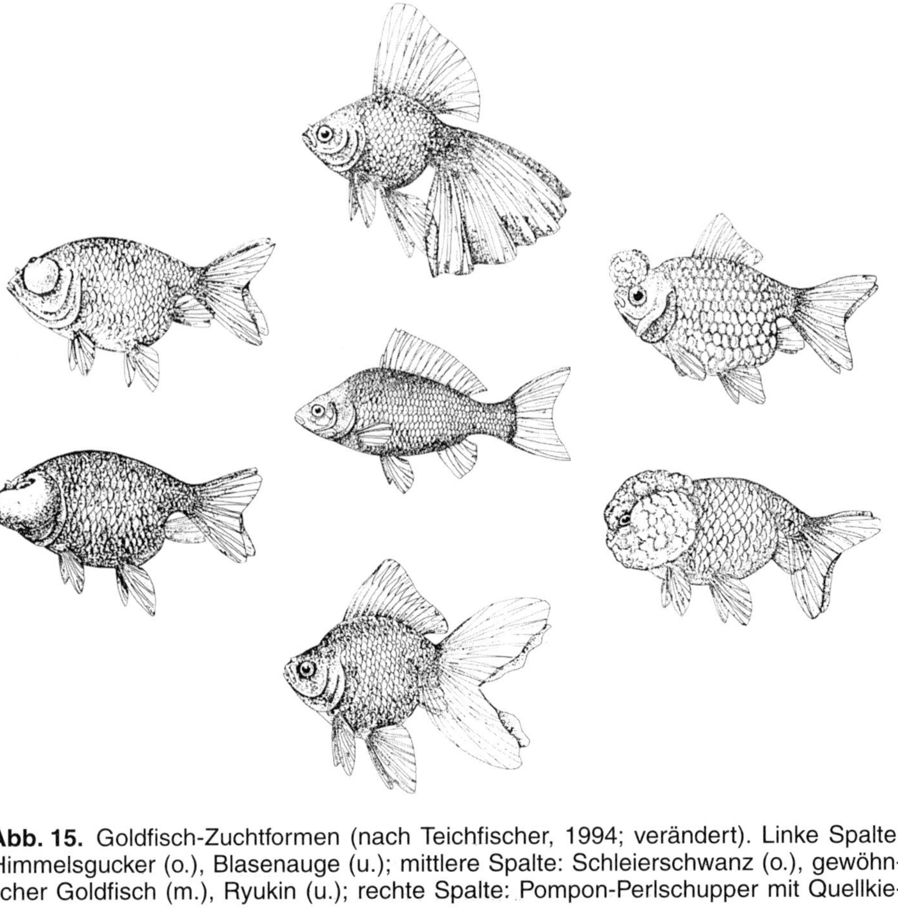

Abb. 15. Goldfisch-Zuchtformen (nach Teichfischer, 1994; verändert). Linke Spalte: Himmelsgucker (o.), Blasenauge (u.); mittlere Spalte: Schleierschwanz (o.), gewöhnlicher Goldfisch (m.), Ryukin (u.); rechte Spalte: Pompon-Perlschupper mit Quellkiemen (o.), Büffelkopf (u.).

Für den passionierten Liebhaber von Luxusvarianten spielen speziell beim *Goldfisch* weiterhin die **Größe, Lage und Form der Augen** eine wesentliche Rolle. Varianten mit lateral weit aus den Höhlen quellenden Augäpfeln, die Glasmurmelgröße erreichen können, werden als sog. *Teleskopaugen* (Abb. 14) gehandelt, während bei den ebenfalls exophthalmischen „*Himmelsguckern*" die Augen senkrecht nach oben gerichtet sind (Abb. 15). Befinden sich zusätzlich **lymphgefüllte Hautaussackungen** unterhalb der Augen, die bei älteren Exemplaren nach Teichfischer (1994) durchaus die Größe von Taubeneiern erreichen können, werden solche Zuchtformen als „*Blasenaugen*" (s. Abb. 15) bezeichnet. Daß derartige Fehlstellungen des optischen Apparates die visuelle Orientierung beeinträchtigen und die Tiere in ihrem Verhalten behindert sind, wird in logischer Konsequenz als rassespezifisch akzeptiert. Insbesondere die flüssigkeitsgefüllten Hautsäcke der Blasenaugen sollen sich überdies als extrem verletzungsanfällig erweisen. Entsprechend wird angeraten, dieses Manko bei der Pflege solcher „Bubble-eye"-Varianten, insbesondere bei der Innendekoration der Aquarien tunlichst zu beachten, denn „... Zerstörte Blasen können nicht regeneriert werden und machen den Fisch wertlos ..." (Teichfischer, 1994). Haltungsansprüche, Gesundheit und Wohlbefinden der Fische spielten hier offenbar nur eine untergeordnete Rolle.

2.4 Deformationen und Reduktionen der Körperachse

Abnorme Fehlbildungen, Verkürzungen der Brust- und Lendenwirbelsäule wurden beim *Hund* nur einmal und gottlob nur kurz zum Gegenstand der Zucht: Die afrikanischen „*Short-spine*" oder *Affenhunde* waren nicht Kreuzungen zwischen diesen Arten, sondern Bastarde aus Greyhounds und Hottentottenhunden, bei denen sich eine Stauchung der Wirbelsäule autosomal-rezessiv vererbte und affenähnlichen Sitz der Tiere bedingte (**Semiletalfaktor**; Wegner, 1995 c).

Häufiger dagegen sind Verstümmelungen und Mißbildungen im Schwanzbereich. Bevor auf diese eingegangen wird, sei jedoch vermerkt, daß auch eine züchterische **Verhunzung des Formats**, d. h. der Relation **Rumpflänge/ Widerristhöhe**, zu irregulären Belastungen, Deformationen und Erkrankungsanfälligkeiten der Wirbelsäule führen kann: Die **Teckellähme** ist ein Beispiel dafür. Dies wird durch Verwendung partiell dominanter Chondrodystrophie-Gene bewirkt, die in betroffenen Rassen (vor allem Dackel, Corgis, Pekinesen, Bullies, Scottish Terrier u. a.) (Seim, 1995; Gill et al., 1996) neben der disproportionalen Gliedmaßenverkürzung vielfach eine frühe **kalzifizierende Dystrophie der Zwischenwirbelscheiben** auslösen, so daß Bruch und Vorfälle derselben mit resultierenden Irritationen des Rückenmarks und Lähmungen oft schon bei physiologischen Belastungen auftreten (Treppensteigen, Hochspringen etc.). Besonders Individuen mit langem Rükken und geringer Bodenfreiheit, Krummbeinigkeit und Fettleibigkeit (Abb. 16) sind gefährdet, Zwerg- und Kaninchenteckel verstärkt prädisponiert (Stigen, 1991). Der Erblichkeitsgrad dieser dystrophischen Verkalkung wurde auf ca. 20% geschätzt, so daß gute Ansätze für Röntgen-Reihenun-

Abb. 16. Beim Basset führen langer Rücken, schlaffe Haut, überdimensionierte Schlappohren und geringe Bodenfreiheit häufig zu Augen-, Ohr-, Rücken- und Gangwerksproblemen.

tersuchungen und vorbeugende Zuchtwahl bestünden (Stigen und Christensen, 1993). Diese müßten aber auch die Rückbesinnung auf ein normaleres Format bringen.

Daß offenbar auch die **Längenrelation** der einzelnen Wirbelsäulenabschnitte zueinander aus den Fugen geraten kann, überrascht nicht, unterliegen sie doch getrennter genetischer Determination (Wegner, 1995c). Darauf wies schon Smythe (1970) beim *Dobermann* hin: Er habe bei relativ kurzer Lendenpartie einen unverhältnismäßig langen Hals. Das mag dazu beitragen, daß vor allem er als anfällig für das sog. **Wobbler-Syndrom** genannt wird – ein infolge Instabilität und Stenosen des Halswirbelkanals durch taumelnden Gang und Lähmung geprägtes Krankheitsbild (Lewis, 1992; Burbidge, 1995; Dixon et al., 1996). Bei anderen Rassen, z. B. Deutschen Doggen und Bassets, seltener gesehen, ist der Vererbungsmodus noch unklar, scheint jedoch nicht einfach mendelnd, sondern rassisch-dispositionell geprägt (Seim, 1994; Burbidge et al, 1994, 1995). Stärkere Beachtung diesbezüglicher Proportionen bei dieser andererseits wegen des leichteren Kalibers für Hüftgelenksdysplasie weniger anfälligen Rasse ist somit angesagt.

Fehlen Teile der Wirbelsäule, so ist dies nur in ihrem letzten hinteren Bereich, dem Steiß, mit Lebensfähigkeit vereinbar, führt jedoch auch hier zu negativen Effekten für das Tier – egal ob man nun auf **genetischen Verlust des Schwanzes** züchtet oder ihm dieses Endorgan abschneidet. *Hund* und *Katze* benötigen es nicht nur als Stütz- und Steuerorgan, sondern auch als Kommunikationsmittel zum Signalisieren beabsichtigter oder angedrohter Aktionen, zum Ausdruck von Gemütszuständen. Rein ästhetische Forderungen eines „Rassestandards" liefern keine ethisch vertretbaren Gründe für solche **Verstümmelungen**, die zudem erhebliche Schmerzen verursachen und Anlaß für ständige Konflikte zwischen Tierärzten und Züchtern sind (Noonan et al., 1996). **Erbliche Schwanzlosigkeiten** gehen überdies oft mit weiteren Wirbelsäulenanomalien einher (**Spina bifida** u. a.), auch in vorderen Abschnitten, so daß **Lähmungserscheinungen**, Lokomotionsstörungen und Semiletalität die Folgen sein können. Solche Zusammenhänge lassen sich schon an Kaulquappen studieren (Swalla et al., 1996). Besonders ausgeprägt ist das bei der *Manx-Katze* der Fall. Jene schwanzlosen oder stummelschwänzigen Krüppelkatzen – „Exportschlager von der Isle of Man" (Kinnear, 1986) – zeugen in Reinzucht nur **kleine Würfe**, weil Homozygote embryonal absterben, die Palette von Mißbildungen bei im „Rassestandard" stehenden Heterozygoten (Mm) aber immer noch tierschutzrelevant ist: **Spaltwirbel**, **Beindeformationen**, **After- und Blasenlähmung** mit allen Folgeerscheinungen sind insbesondere im „Rumpy"-Typ verbreitet (Robinson, 1993). Der „Stumpy"- oder „Longie"-Typ wie etwa bei der Japanese Bobtail scheint weniger betroffen (Anon., 1996 b). Dabei kann der Züchter nie sicher sein, bis zu welchem Schweregrad der Manifestation das semidominante Manx-Gen durchschlägt (Plummer et al., 1993). Es gibt kaum klarere **Verstöße gegen § 11 b Tierschutzgesetz**, auch wenn Rassekatzenzüchter/Innen beschönigend von vorgeblichem Ursprung dieser Variante durch „Founder-Effekt" und „natürliche Selektion" in einer Inselpopulation sprechen (Miller, 1996). Jenes Eiland in der irischen See genießt durch landschaftliche Schönheit, TT-Motorradrennen und Prügelstrafe für Missetäter doch schon genügend Medien-Aufmerksamkeit – es bräuchte diese „unbeschweift-ungelenke, diabolisch-clowneske" Designer-Katze (Brim, 1993) gar nicht. Insgesamt beschert die Exotensucht aber natürlich dem Katzenpraktiker einen „purrfect" Job (Catanzaro, 1993).

Der **Knotenschwanz** der *Bulldogs* stellt eine Parallele dar, was die Gefahr einhergehender Wirbelsäulendefekte betrifft (Fingeroth et al., 1989), die dann zusätzlich zu den schon diskutierten Behinderungen zu seiner vielfach aktenkundigen **Deckunlust**, seiner „mangelnden Erotisierbarkeit" beitragen werden, so daß selbst angelsächsische Genetiker meinen, es sei an der Zeit, ihm „aus seinem pathologischen Zustand" herauszuhelfen. Aber auch die Zucht auf **angeborenen Mutzschwanz** ist, wie oben für Katzen gesehen, so auch beim Hund suspekt: In Mutz-Reinzuchten wie beim Pembroke Welsh Corgi ist die Wurfgröße im Vergleich zum beschwänzten Cardigan Welsh Corgi um 2 Welpen herabgesetzt (Wegner, 1995 c), was, wie z. B. ebenfalls beim Entlebucher Sennenhund u. a., nur durch **Letalwirkung** erklärbar ist (Paschoud, 1997). **Knickruten** bei *Teckeln* und *Siamkatzen* dagegen stellen vergleichsweise harmlose, vorwiegend monogen-rezessiv geprägte Schönheitsfehler dar. Daß allerdings kolportiert wird, eine waschechte Siamesin aus Hinterindien sei vorab am Knickschwanz und Schielen erkennbar („Spiegel", „Großes Fauchen"), ist ein weiterer Ausfluß von anthropozentrischem Zynismus.

Nach dem „Deutschen Rassegeflügelstandard" gelten Skelettdefekte bei den anerkannten Ausstellungsrassen als Ausschlußfehler, d. h., einem behafteten Tier wird weder Schau- noch Zuchtwert zugestanden (Bund Deutscher Rassegeflügelzüchter, 1995). Leider kann diesem prinzipiell zu befürwortenden Passus nur relativer Aussagewert zugestanden werden, denn gleichzeitig werden Hühnerrassen betreut und gefördert, bei denen Fehlbildungen des Skelettes in Form **vollständiger Schwanzlosigkeit** in den Rassebeschreibungen explizit gefordert werden und jeglicher Schwanzansatz als grober Zuchtfehler gilt. Es handelt sich dabei um *Araucana*- und *Kaulhühner* sowie ihre verzwergten Varianten, bei denen die genetisch fixierte Absenz der Schwanzwirbelsäule ein Hauptrassemerkmal darstellt. Solchen auch als „**kaulschwänzig**" bezeichneten Zuchtformen fehlen durchweg die bei Haus-

Abb. 17. Zwerg-Kaulhuhn, eine schwanzlose Hühnerrasse.

hühnern normalerweise ausgebildeten fünf freien Schwanzwirbel. Außerdem weisen die Tiere **Reduktionen bzw. Deformationen der synsacrocaudalen Wirbelkörper** auf und sind durch den **Verlust des Pygostyls** gekennzeichnet. Phänotypisch sind Kaulhühner und verwandte Rassen vor allem durch den **Totalverlust des Schwanzgefieders sowie der Bürzeldrüse** charakterisiert (Abb. 17). Wie nicht anders zu erwarten, bleiben solche angeborenen Wirbelsäulenabnormitäten nicht ohne Auswirkungen auf die Lebenstüchtigkeit der Tiere. Dunn und Landauer (1934) stellten bei schwanzlosen Hühnern aufgrund einer **erhöhten Embryonalsterblichkeit** gegen Ende der Bebrütungszeit deutlich **verringerte Schlupfraten** und darüber hinaus eine **erhöhte Kükenmortalität** fest. Von Züchterseite wird außerdem darauf hingewiesen, daß bei kaulschwänzigen Hühnerküken häufig Schwierigkeiten beim Kotabsatz auftreten. Insbesondere bei jungen Küken soll der Kot sehr breiig sein und beim Verhärten das Kloakengefieder verkleben, was im Extremfall bis zum Darmverschluß führen kann (Baumeister, 1985; Grieshaber, 1992). Dieses Manko soll zumindest bei Araucana-Küken durch ein „rassespezifisches" Fütterungsmanagement behoben werden können, indem man den Küken zwei bis drei Tage lediglich Trinkwasser anbietet, Futter jedoch vorenthält (Lüttwitz, 1995 a), wodurch sich die physiologischen Minderleistungen des Verdauungsapparates angeblich ausgleichen lassen. Die **eingeschränkte Fertilität** kaulschwänziger Hähne resultiert ebenfalls aus ihrem rasseimmanenten Wirbelsäulendefekt. Eine gewisse **Begattungsimpotenz** schwanzloser Hähne beruht darauf, daß die Vögel während des Tretaktes keine das Gleichgewicht stabilisieren Schwanzbewegungen ausführen können, dadurch die Balance verlieren und vor dem Vollzug der Kopulation vom Rücken der Henne rutschen. Außerdem hängt der normalerweise durch die Steuerfedern gescheitelte Schwanzbehang beim Kaulhahn gerade herab, verdeckt dadurch die Kloakenöffnung und behindert während der Kopulation die Spermienübertragung. Kundige Züchter schwanzloser Hühnerrassen raten daher dazu, in der Zuchtsaison die **antikonzeptionellen Federpartien** des Sattelbehangs zu beschneiden, um annehmbare Befruchtungsergebnisse zu erzielen.

Unter dem Namen „Meteor“ ist auch vom Goldfisch eine vollständig schwanzlose Zuchtform bekannt, welche jedoch nach Teichfischer (1994) bisher keine größere Popularität erlangt hat. Züchterisch geförderte Deformationen der Körperachse mit gestauchter und verkrümmter Wirbelsäule finden sich hingegen bei vielen *Goldfischrassen* japanischen bzw. chinesischen Ursprungs, die speziell für die Betrachtung in Aufsicht „geschaffen“ wurden (s. Abb. 15). Nach Kaiser (1963) ist das Achsenskelett solcher Varianten allerdings hochgradig pathologisch verändert. Jungfische entsprechender Rassen entwickeln sich bis zu einer Körperlänge von ca. 10 mm zunächst noch völlig normal. Bei älteren Tieren kommt es in der Folge zunächst zu einer Stauchung der einzelnen Wirbelanlagen und erst nachfolgend zu einer **Deformation der Wirbelkörper**. Ursache dieser irreparablen Fehlbildungen sind die **mangelhafte Ausdifferenzierung von Muskelsegmenten der Stammuskulatur** sowie eine **Fehlstellung der Muskelfasern innerhalb der einzelnen Myomere**, die sich im Verlauf der postembryonalen Entwicklung nachhaltig auf die Lage und Form bindegewebig präformierter Skelettelemente und damit die definitive Körperform auswirken. Die abweichende Anordnung der Muskelfasern innerhalb der Myomere beeinträchtigt darüber hinaus das **Schwimmvermögen** gedrungener Goldfischzuchtformen ganz erheblich. Durchgehende Muskelzüge werden nicht ausgebildet, so daß die Vorwärtsbewegung lediglich durch alternierende Kontraktionen einzelner Myomere erfolgen kann. Im Gegensatz zur carangiformen Fortbewegung der Wildform, die diese zu einem raschen Stoßschwimmmen prädestiniert, sind gestauchte Hochzuchtrassen unabhängig vom Ausmaß der Beflossung daher lediglich zu unbeholfenen Schwimmbewegungen befähigt; sie paddeln „munter wie ein Sack im Wasser“ (Grill, 1997). Aus diesem Grunde sind solche Zuchtformen bei Gemeinschaftshaltung mit körperlich nicht beeinträchtigten Artgenossen in Aquarien oder Gartenteichen oftmals nicht konkurrenzfähig. Hochzucht-Goldfische mit verkürzter Körperachse fallen darüber hinaus durch ihren dicken, aufgetrieben erscheinenden „**Kugelbauch**“ auf (Abb. 18), vermutlich eine kompensatorische Folgeerscheinung der cranio-caudalen Längenreduktion. Die damit verbundenen Lageveränderungen innerer Organsysteme können anscheinend zu diversen Minderleistungen führen. Teichfischer (1994) verweist darauf, daß gerade Goldfischzuchtformen mit gedrungenem Körperbau zu **Verdauungsstörungen** neigen, während Piechocki (1990) erwähnt, daß bei laichreifen Fischen die Funktion der Schwimmblase und damit die Schwimmlage durch die angeschwollenen Gonaden beeinträchtigt werden kann, wodurch die Tiere infolge einer **Kompression der Schwimmblase** im Extremfall in Rückenlage gedreht werden. Varianten mit phänotypisch ähnlichen Wirbelsäulendeformationen sind in letzter Zeit ebenfalls bei *Spitzmaulkärpflingen* (*Poecilia shenops*) aufgetreten und werden im Zoofachhandel verniedlichend als „*Ballon-Mollies*“ angeboten. Auch diese Formen sind durch ein verkürztes

Abb. 18. Handelsüblicher „Schleierschwanz“ mit gestauchter Körperachse und geteilter Schwanzflosse.

und **verformtes Rückgrat** charakterisiert und sollen im Vergleich zum Normaltypus Vitalitätsmängel sowie Beeinträchtigugen des Schwimmverhaltens aufweisen (Kölle und Hoffmann, 1997).

2.5 Disproportionierungen und Fehlstellungen der Extremitäten

Es war schon beim Zwergwuchs, z. B. der Kaninchen, aber auch bei Erörterung der Brachyzephalie (s. dort) angeklungen, daß **disproportionierte Gliedmaßenverkürzungen** vielfach durch Erbanlagen ausgelöst werden, die dem „**Achondroplasie-Chondrodystrophie(-dysplasie)-Komplex** im weitesten Sinne zuzuordnen sind und gute Tiermodelle für analoge Kleinwüchsigkeit („Liliputanertum“) des Menschen darstellen (Wegner, 1986, 1997). Dabei imponieren die breite phänotypische Variabilität und komplexe genetische Basis – mit sowohl monogener und polyfaktorieller Determination als auch ungeklärtem Erbgang (Jacenko et al., 1994; Urioste et al., 1994), wofür Toulouse-Lautrec ein zwar prominentes, aber keinesfalls alleiniges Beispiel war (Maroteaux und Frey, 1995).

Da dergestalt unproportioniert Minderwüchsige immer auch irgendwo behindert sind, wurden solche Mutanten nur selten Zielobjekte der Nutztierzucht. *Dexter-Rinder* verkörpern eine beinverkürzte Rasse, die nicht rein weitergezüchtet werden darf, da sonst unter den Nachkommen (zu ca. 25%) stark mißgebildete, homozygote „**Bulldog**“**-Kälber** auftreten, die meist im letzten Drittel der Trächtigkeit abortiert werden (Usha et al., 1997). Auch bei Schafen gab es einen bald wieder aufgegebenen Versuch, sog. Ancon- oder *Dackelschafe* mit Stummelbeinen zu erzüchten wegen vorgeblicher Einsparungen bei der Weideumzäunung (Hutt und Rasmusen, 1982). Lediglich das Z-chromosomale **Dwarf-Gen** (dw) bei *Hühnern* fand breitere Nutzung; es determiniert eine Verzwergung, die gleichfalls insbesondere die Ständer betrifft (Kensett et al., 1980; Vigneron et al., 1980) und gewisse Gendosiswirkung in Heterozygoten zeigt (Roy et al., 1980; Burnside et al.,

1991; Laron et al., 1992). Die insbesondere unter Hitzestreß herabgesetzte Lipolyse und Thyroxinproduktion machen diese Zwerge jedoch attraktiv als Broilermütter in Entwicklungsländern (Khan et al., 1987).

Das Unverhältnismäßige in der Relation Gliedmaßen/Rumpf, die abnorme Winkelung (Waibl, 1994) und Inkongruenzen im Wachstum Ulna/Radius werden besonders deutlich beim *Bassethound*. Es prädisponiert diesen heute für den Jagdgebrauch untauglichen Hund zu einer speziellen Form der **Ellbogendysplasie** (Flückiger, 1992); massige, auf extrem niedrigen Läufen stehende Exemplare berühren mit dem Brustbein beinahe den Boden (Anon., 1994 b) – es sind halt „Bluthunde auf verkrüppelten Beinen" (s. Abb. 16).

Nach dem Motto „Gleiches Unrecht für alle" konnte es wohl nicht ausbleiben, daß sich in der US-Cat Fancy Leute daranmachten, auch der *Katze* eine Dackelbeinigkeit anzuzüchten: Die „*Munchkin*" mit verkürzten, krummen Beinen war geboren – eine „Rasse", die sich bei uns „nicht so schnell etablieren wird", wie Züchterin Kuhlmey (1995) hofft, eine Mißgeburt, die man zu einer neuen Rasse hochstilisieren will, wie das Schweizer Katzen-Magazin (1994) schreibt. § 11 b sei davor!

Doch auch eine unphysiologische Winkelung der Hintergliedmaßen – sei es zu steil und **stuhlbeinig** wie beim *Chow-Chow*, sei es bei „**harmonisch abfallender Rückenlinie**" zu stark nach hinten herausgestellt wie beim *Deutschen Schäferhund* (Abb. 19), kann offenbar Probleme begünstigen. Zwischen beiden Extremen besteht eine Differenz in der Sprunggelenkwinkelung von 36° (Heckler, 1994). Die **hyänenhaft abgeschlagene Kruppe** beim letztgenannten, die starke Winkelung der Hinterbeingelenke (Popovitch et al., 1995) dürfte einer unbewußten Selektion auf lendenlahme Tiere mit schlaffen, subluxierten oder fehlgestellten Gelenken (Madsen und Svalastoga, 1994; Smyth et al., 1995) Vorschub leisten. Daß **Hüftgelenksdysplasie** (HD) Auswirkungen auf Gelenkwinkelungen (via Schonhaltung) zumindest in der Bewegung hat, zeigten aber Bennett et al. (1996); denn es muß **Kräfte der Kontraselektion** geben, die seit Jahren für eine Stagnation auf dem Status quo trotz anhaltender HD-Selektionsprogramme verantwortlich sind (Hilsenroth, 1994; Flückiger et al., 1995; Schawalder et al., 1996).

Inwieweit diese Gliedmaßenstellung Einfluß auf die Lenden/Kreuzbein-Winkelung und damit auf einen möglichen Faktor beim „**Hammelschwanzsyndrom**" (Cauda equina) des Deutschen Schäferhundes hat (Schmid und Lang, 1993), ist spekulativ; jedenfalls ist diese Rasse diesbezüglich stark überrepräsentiert (Barclay und Haines, 1994; Ness, 1994).

Andererseits steht eine **steile, wenig stoßdämpfende Aufhängung** der Vordergliedmaßen neben einer frühen gewichtsbedingten Überbeanspruchung unreifen – weil zu schnell gewachsenen – Stützgewebes in dem Ruf, **Osteochondrosen** vor allem bei *Kalibrigen Rassen* wie Sennenhunden, Retrievern und Rottweilern besonders im **Schulter- und Ellbogengelenk** zu begünstigen (Bedford, 1994; Thomson und Robins, 1995), so daß diese Problematik in jenen Rassen noch vor HD rangiert (Swenson et al., 1997).

Tibiatorsionen, eine Fülle von Beinverdrehungen und **Dyschondroplasien**, werden seit Jahren vor allem in *Broilerzuchten* des Geflügels beobachtet:

Abb. 19. „Harmonisch" abfallende Rückenlinie mit rückwärtsverlagerter Fußung, Schönheitsideal beim Deutschen Schäferhund.

Eine Folge der Zuchtwahl auf geradezu irrsinnige tägliche Zunahmen, wird doch das Schlachtgewicht in 12 Wochen und weniger erreicht (Wegner, 1986). Damit können Wachstum und Reifung des Skeletts offensichtlich nicht schritthalten, was insbesondere dann in der Endmast und bei Zuchttieren zu **Lahmheiten und hohen Ausfallraten** führt (Rath et al., 1994; Thorp, 1994). Solche und andere Skelettschäden führen allein in den USA zu jährlichen finanziellen Verlusten, die bei Broilern mit 80–120 Mio $, bei Puten mit 30–40 Mio $ beziffert werden (Sullivan, 1994). So zeigt sich auch hier, daß ein allzu positivistisches Denken tierischer Produzenten, das die „Grenzen des Machbaren" auf Kosten der Tiere ad infinitum hochschraubt, letztlich auf die Verursacher zurückschlägt.

Genetisch determinierte und züchterisch manifestierte **Längenreduktionen der Hinterextremitäten** sind charakteristische Kennzeichen verschiedener Haushuhnrassen, u. a. der *Chabos* (Abb. 20) und *Krüper*. Ursachen dieser disproportionierten Beinverkürzung, die bei Hennen zwischen 13 und 24% schwanken kann und sich bei Hähnen zwischen 18 und 31% bewegt, sind offenbar eine Störung der enchondralen Ossifikation sowie ein vorzeitiger Schluß der Epiphysenfugen. Die perichondrale Ossifikation der Röhrenknochen folgt hingegen einem normalen Zeitmuster, wodurch die verkürzten Beine gleichzeitig unproportional verdickt erscheinen. Ursache dieser Kurzbeinigkeit ist ein autosomal-dominantes Gen mit unvollständiger Expressivität und rezessiver Schadwirkung, bei Züchtern bekannt als sog. „**Krüper-Faktor**". Standardgerechte Ausstellungstiere dieser Rassen sind als heterozygote Merkmalsträger in der Regel lebensfähig, sollen allerdings eine etwas höhere Embryonalsterblichkeit als Nichtmerkmalsträger aufweisen. Bei Homozygotie hingegen führt das Krüper-Gen regelmäßig zum Embryonaltod. Dabei herrschen zwei Letalkrisen vor. Ein innerhalb der einzelnen Rassen unterschiedlich hoher Anteil homozygoter Merkmalsträger stirbt bereits nach wenigen Bebrütungstagen ab. Etwa 2% der reinerbigen Krüper und 93% der reinerbigen Chabos verenden hingegen erst gegen Ende der Bebrütungsdauer mit schweren Mißbildungen im Bereich des Kopfes und der Extremitäten. Neben diesen rassespezifischen Unterschieden können offenbar darüber hinaus das Erbgut der Muttertiere sowie der Zeit-

Abb. 20. Extrem kurzläufiger Chabo-Hahn.

punkt der Eiablage innerhalb der Legeperiode und die Bebrütungstemperatur Einfluß auf das Einsetzen der Letalkrise ausüben (Übersicht bei Somes, 1990 b).

Bei zahlreichen Zierfischen sind bereits Zuchtformen mit überproportional vergrößerten Flossen aufgetreten, u. a. bei *Zebrabärblingen* (*Brachydanio rerio*), *Siamesischen Kampffischen* (*Betta splendes*) und *Segelflossern* (*Pterophyllum scalare*). Am bekanntesten sind sicherlich die zahlreichen **schleierschwänzigen Varietäten** des *Goldfisches* sowie die sog. „*Triangel*"-*Guppys* mit ihrer teilweise wallend herabhängenden Schwanzbeflossung, die vielen Liebhabern besonders attraktiv erscheint, bei den ovoviviparen Guppys jedoch durch ihr Übergewicht oftmals eine erfolgreiche Begattung verhindert (Petzold, 1990). Darüber hinaus hat die Schwanzflosse ihre biologische Funktion als Hauptantriebsorgan für die Fortbewegung bei diesen Fischen weitestgehend eingebüßt. Dies läßt sich bereits bei langflossigen Zuchtformen mit normalem Körperbau beobachten, tritt allerdings bei schleierschwänzigen Goldfischvarietäten mit zusätzlich zuchtbedingter Wirbelsäulendeformation besonders kraß in Erscheinung.

Sager (1963) konnte nachweisen, daß das Ausmaß der **Flossenhypertrophie** nicht allein genetisch bedingt ist, sondern auch durch eine Reihe von Außenfaktoren bestimmt wird. So nimmt bei erhöhter Wassertemperatur und unzureichender Ernährung bei erblich prädisponierten Goldfischen die relative Länge der Flossen stark zu, während optimierte Hälterung und Fütterung das Längenwachstum der Fische fördern und dadurch die Beflossung proportional kleiner ausfällt. Spezielle Kunstgriffe werden seitens mancher Züchter angewandt, um ein erfolgreiches Ablaichen bei Schleierschwänzen zu erreichen. Dem eigentlichen Laichvorgang geht beim Goldfisch ein z. T. recht stürmisch verlaufendes Paarungsvorspiel voran, bei dem die weiblichen Tiere von den Männchen heftig verfolgt und durch Maulstöße an den Hinterleib zur Laichabgabe stimuliert werden. Männliche Schleierschwänze sind aufgrund ihrer **überlangen Schwanzbehänge** zu diesen Liebesspielen oftmals nicht mehr in der Lage. Hier greift der Züchter ein und kürzt die Schwanz- und Afterflossen ohne Betäubung mittels Scherenschlag auf die Hälfte ein. Nach anschließendem Bad in geeigneten Desinfektionsmitteln können die auf diese Weise **zurechtgestutzten Fische** dann erfolgreich zur Zucht angesetzt werden (Piechocki, 1990).

Besonders nachhaltig wirken sich **Beflossungshypertrophien** bei lebendgebärenden Zahnkarpfen wie *Schwertträgern* (*Xiphophorus helleri*) oder *Guppys* (*Poecilia reticulata*) aus. Männchen dieser Fischfamilie besitzen eine zu einem kompliziert gebauten Begattungsapparat **modifizierte Afterflosse** (Gonopodium), mit der die zu sog. „Spermatozeugmen" zusammengefaßten Samenzellen in die weibliche Geschlechtsöffnung übertragen werden. Bei langflossigen Zuchtformen wie dem sog. *„Lyratail"-Schwertträger* oder dem *„Berliner Guppy"* ist auch das Gonopodium von der Längenzunahme betroffen. Dadurch werden solche Varianten allerdings nicht etwa besonders potent, sondern sind im Gegenteil überhaupt nicht mehr in der Lage, zu kopulieren (Petzold, 1990). Eine **Kürzung der Gonopodien** auf normale Länge hat nach Erfahrungen von Stallknecht (1989) bei Schwertträgern keinen Erfolg, da die Wunde **wulstig vernarbt**. Lyraflosser lassen sich daher nur durch **künstliche Besamung** oder, da es sich um ein dominant vererbtes Merkmal handelt, durch Kreuzung von „Lyratail"-Weibchen und normalen Männchen erhalten. Bei *„Lyra"-Mollies*, den heterozygoten Merkmalsträgern einer Mutante des *Breitflossenkärpflings* (*Poecilia latipinna*), sind hingegen nur Rücken-, Schwanz- und Bauchflossen von morphologischen Veränderungen betroffen, während die Afterflosse arttypisch ausgebildet wird und männliche Tiere damit begattungsfähig bleiben. Allerdings erweisen sich bei dieser Zuchtform die homozygoten Merkmalsträger als nicht lebensfähig (Kirpicnikov, 1987). **Fahnenflossige Varianten** wie *„Simpson"-Schwertträger* oder *„Topsail"-Platys* sind durch ihre stark verlängerte, z. T. auch verbreiterte Rückenflosse charakterisiert. Die Flossenstrahlen sind bei diesen Zuchtformen sehr weich; deshalb kann die Rückenflosse nicht mehr aufgerichtet getragen werden, sie hängt schlaff herab (Plöger-Brembach, 1982; Stallknecht, 1989). Für die Stabilisierung der Schwimmlage des Fisches haben solche Gebilde keinerlei Bedeutung mehr.

2.6 Polydaktylie und andere Mehrfachbildungen

Das Auftreten von **Vielgliedrigkeit** in Arten, bei denen gemeinhin eine geringere Anzahl Phalangen die Norm ist, wird im allgemeinen als **„Atavismus"**, als Rückfall in frühzeitliche phylogenetische Verhältnisse gedeutet, die – gesteuert durch **Hox-Gene** – als frühembryonale Optionen angelegt, später jedoch rückgebildet oder zumindest nicht voll ausgebildet werden (Hall, 1995; Wenthe und Lazarz, 1995). Auch der umgekehrte Weg ist möglich, daß einzelne Exemplare einer Spezies sozusagen „vorauseilend" eine noch weitergehende **Verringerung** der Hand- oder Fußstrahlen (Syndaktylie) manifestieren, was schon zur Zucht von *„Einhufer"-Schweinen* und *-Rindern* führte (Mulefoot-disease; Wegner, 1986). Solche Zuchten fanden jedoch keine Verbreitung, denn man kann davon ausgehen, daß sowohl Syn- als auch Polydaktylien den Erfordernissen von Statik und Lokomotion rezenter Formen nicht gerecht werden und/oder die Verletzungsgefahr erhöhen. Dies gilt besonders für solche Phänomene bei *Hund* und *Katze*, bei denen sie z. T. gar vom „Rassestandard“ gefordert werden. So ist der sog. „**Doppelsporn**“, eine verdoppelt angelegte Afterkralle an den Hinterpfoten bei *Beauceron*, *Briard* und *Lundehund*, rassenobligatorisch und zeugt von der Unsinnigkeit solcher Standards: Was man bei den einen, z. B. Bernhardinern, wegoperiert, wird bei den anderen explizit gefordert (Seiferle, 1983).

In Nordamerika verstieg man sich gar zeitweilig dazu, **polydaktyle**, sog. „**Superscratcher“-Katzen** zu züchten – im Hemingway-Museum (Florida) ist eine solche Linie noch existent. Sie verdankt ihre Mißbildung dem dominanten Subvitalgen Pd (Davis und Davis, 1976). So kommt es, daß die meisten Berichte über solche Mutanten bis heute aus dieser Region stammen (Wittmann, 1992; Wegner und Lindhoff, 1996). Besonders in Ithaca, N. Y. soll es von diesen Katzen wimmeln, die alle auf einen 1917 immigrierten Kater zurückgehen mögen (Hutt und Rasmusen, 1982).

Auch die dekorative, aber unsinnige **Vervielfachung der Hornanlage** in *Jakob-Schafen* mit bis zu 6 Hörnern (von Heimendahl, 1992) dürfte den Tieren mehr Nach- als Vorteile bringen. So wurden einhergehende **Okzipitalgelenksdysplasien**, verbunden mit neurologischen Störungen, beschrieben (Johnson et al., 1994).

Polydaktylie in Form einer **zusätzlichen Hinterzehe** (Aufspaltung der ersten Zehe, Hallux) ist auch bei einigen Haushuhnrassen wie *Seidenhühnern*, *Dorkings*, *Deutschen Lachshühnern* und *Houdans* zum Rasseattribut erhoben worden (vgl. Bund Deutscher Rassegeflügelzüchter 1995) und wird ebenso bei *Chinesischen Tümmler-Tauben* als Rassemerkmal angesehen (Schütte et al., 1994) – aus Lust an der „bizarren Variante“. Eine biologische Funktion kommt den überzähligen Phalangen allerdings nicht zu. In *Kampfhühnern* wie den *Sumatra-Kämpfern* sollte die Zucht auf zusätzliche Sporen offenbar ursprünglich den „kämpferischen Wirkungsgrad“ erhöhen (Hutt und Rasmusen, 1982). Da der Erblichkeitsgrad dieser Erscheinung mit ca. 40% recht hoch ist (Fairfull und Gowe, 1986), lassen sich solche Marotten leicht verwirklichen.

Gleiches gilt für **doppelt angelegte Schwanz- und Afterflossen**, wie sie sich bei diversen **Goldfischzuchtformen** finden (s. Abb. 18). Vorteilhaft für den Fisch wirken sich solche Doppelbildungen in keinem Fall aus. Im günstigsten Fall behindern die überflüssigen Strukturen ihre Träger nicht. Oftmals scheinen jedoch Formen mit verdoppelter Schwanzflosse gegenüber dem Normaltyp deutlich gehandicapt und sind bei Vergesellschaftung mit unbeeinträchtigten Artgenossen nicht konkurrenzfähig, so daß sich auch bei der planmäßigen Zucht dieser Varianten wie so oft die Frage nach Sinn und Zweck aufdrängt.

2.7 Operative Anpassungen an Rasseideale

„Operativ“ ist hier durchaus im Sinne von Operation, d. h. chirurgischem Eingriff gedacht – wie etwa beim Abschneiden oder Verkürzen von Körperteilen. Von solchen Mutilationen bleiben *Nutztiere* in Intensivhaltung nicht verschont, denn die drangvolle Enge bei Käfig- oder Laufstallhaltung fördert **Kannibalismus** und Verletzungen, so daß dem durch **Kürzen der Schnä-**

bel beim Geflügel oder **Enthornen** bei Wiederkäuern entgegengewirkt wird. In der Tat zeigen Untersuchungen, daß durch solche Maßnahmen die Verluste zu senken sind (Blackshaw et al., 1987; Craig, 1992; Grigor et al., 1995); sie wiesen aber auch nach, daß selektiv auf weniger „agonistische" Genotypen einerseits (Craig et al., 1992), auf hornlose Individuen auch in traditionell gehörnten Rinderrassen andererseits gezüchtet werden kann (Kräusslich und Röhrmoser, 1995; Brenneman et al., 1996) – bei Ziegen allerdings weniger gut wegen der Kopplung der Hornlosigkeit an Zwittrigkeit (Cribiu et al., 1996). Noch besser wäre es, könnten diese Eingriffe, die auch **ernste Konsequenzen für das Ranggefüge** in einer Herde haben (Pieterse und van Dieten, 1993), durch mehr Platzangebot und eine tierschutzgerechte Haltung ganz vermieden werden (Taschke et al., 1994; Taschke und Föld, 1997) – sicher Forderungen, die leichter gestellt als großflächig in der Praxis umzusetzen sind.

Dagegen ist das **Entfernen der Ohren und Schwänze** bei *Hunden* eine durch nichts zu rechtfertigende **kosmetische Verstümmelung**. Wie schon beim genetischen Schwanzverlust erörtert (s. o.), sind dies – neben ihrer anatomisch-physiologischen Funktion – **wichtige Kommunikationsorgane** unserer Hausfleischfresser. Der Erblichkeitsgrad der Ohrgröße (**Ohrmuschelgröße**) ist hoch, wie Hagenbeck (1968) an Schweineohren ermittelte, und somit ist es ein leichtes, die verschiedenen Ohrformen zu erzüchten. Von den relativ kleinen Stehohren der Windhunde über Kipp- und Hängeohren bis hin zu den schlaff pendelnden großen (zu großen!) „**Behängen**" der *Bassets, Spaniels* und *Bloodhounds* – es bedarf keines modischen Zuschnitts durch maßschneidernde Standardfetischisten. In der Tat erreichen die Schlappohren der genannten Rassen ein fast so absurdes Ausmaß wie bei *Englischen Widderkaninchen* und prädisponieren sie zu **Othämatomen** und **Otitiden** (Wegner, 1995 c), was prompt als fadenscheiniges Argument für das „prophylaktische" Ohrkupieren (aber bei anderen Rassen) benutzt wird, obwohl rassische Ekzembereitschaft, Ohrgangsbehaarung und Ohrschmalzeigenschaften weitere wichtige Risikofaktoren darstellen (Huang et al., 1994).

Nun ist zwar die Ohrresektion eigentlich längst verboten, findet aber im Rahmen eines „grenzüberschreitenden Kupiertourismus" immer noch statt. Denn Leute, die sich nur durch einen Dobermann mit martialisch gestutzten Ohren effizient geschützt fühlen (Shinn, 1996), sind tierschützerischen Einwänden wohl nicht zugänglich.

Noch frustrierender ist die Situation am Endorgan: Zwar ist nach dem „Europäischen Übereinkommen zum Schutz der Heimtiere" auch das Entsteißen verboten, wird aber national fast überall praktiziert. Das Für und Wider zieht sich weltweit auch quer durch die Tierärzteschaft (Davey und Wansbrough, 1996), was in der schier endlosen diesbezüglichen Diskussion im „Veterinary Record" besonders deutlich wird, die ausbrach, als dieser Eingriff 1993 Laien untersagt und nur Tierärzten nach Indikationsstellung gestattet wurde (Anon., 1994 c). Entsprechende Stellungnahmen der Deutschen Veterinärmedizinischen Gesellschaft liegen vor (Anon., 1993). Aber genau diese Indikation wird von einer Minderheit der Praktiker immer wieder sehr züchterkonform gehandhabt, wie der Freispruch eines Kollegen beweist, der diese Amputationen routinemäßig bei Yorkies, Schnauzern und Bobtails vornahm – aus rein prophylaktischen Gründen, wie er beteuerte –, um Schwanzverletzungen und perianalen Problemen (?) vorzubeugen (Anon., 1995). Tierarzt Holmes (1993) meint gar, „der Schwanz sei kein wichtiges Körperteil des Hundes und seine Amputation keine Verstümmelung, kurzum – man müsse die modischen Standardforderungen eben akzeptieren".

Zu solchen fadenscheinigen Argumentationen, vorgebracht und unterstützt von einem „Council of docked breeds", der sich anmaßt, „für" die von ihm verstümmelten Rassen zu sprechen (Elliott, 1996), zu solchen die wahren, modisch-kommerziellen Gründe verschleiernden Scheinheiligkeiten nahm bereits Morton (1992) kompetent Stellung – er bezeichnet diese Praktiken schlicht als obszön (Morton, 1995). Ein sehr einleuchtendes Argument dabei ist, daß – gerade in Anbetracht der selbst in Gebrauchshunden nur sehr selten notwendigen, verletzungsbedingten Rutenresektion (Darke et al., 1985) – niemand auf die Idee einer prophylaktischen Beinamputation käme, nur um den sehr viel häufigeren Fuß- und Beinerkrankungen den Boden zu entziehen. Nil nocere und der Eid des Hippokrates (Mason, 1995; Mathis, 1995; Wansbrough, 1996) sollten Heilberufler in der Tat immer noch mehr motivieren als der Applaus einflußreicher Lobby (Dean, 1995). Das 1998 novellierte Tierschutzgesetz enthält nunmehr in seinem § 6 entsprechende Aussagen und schiebt mit § 12 auch endlich dem Kupiertourismus einen Riegel vor.

Vergleichbarer Nonsens spielte sich jahrzehntelang in der organisierten Hühnerzucht ab. Trotz des großen Spektrums an **Kammvariationen**, die im Laufe der Domestikationsgeschichte des Haushuhnes züchterisch manifestiert wurden (Bartels et al., 1991 a), hat man auch bei dieser Tierart bezüglich der Kopfanhangsorgane die Palette standardisierter Erscheinungsbilder lange Zeit erweitert, indem alljährlich regelrechte Beschneidungsrituale zelebriert wurden.

Die angebliche Aggressivität sogenannter „*Kampfhähne*", von Züchtern als Zeichen der enormen Vitalität dieser Rassengruppe in der einschlägigen Fachliteratur hoch gerühmt und erschöpfend beschrieben (Detering, 1983), diente jahrzehntelang als Vorwand für das **Kupieren der Kopfanhänge** bei diesen Tieren. Ungeachtet der Bestimmungen von **§ 6 des Tierschutzgesetzes** war es bis vor wenigen Jahren durchaus üblich, den Hähnen Kämme, Kehllappen und Ohrscheiben mittels Scherenschlag abzuschneiden bzw. in eine rassetypische Form zu bringen (Korbel und Kösters, 1989, Bartels et al., 1995). Man scheute sich nicht, als Rechtfertigung für diese Eingriffe sogar den Tierschutzgedanken heranzuziehen. Da sich Hähne der betroffenen Rassen angeblich regelmäßig schon im zarten Kükenalter bei Rangordnungsstreitigkeiten schwere Verletzungen im Kopfbereich zufügten, diene es dem Wohlbefinden der Hühner, wenn man prophylaktisch das abschneide, woran später Schmerzen und Leiden verursacht werden könnten. Den Verfechtern des Kammkupierens schien lange Zeit nicht einzuleuchten, daß sich dadurch im wesentlichen erhebliche **Haltungsdefizite** offenbaren. Eine Umsetzung des Kupierverbotes bedeute nach Ansicht der Züchter zwangsläufig das Aus für diese Hühnerrassen, wodurch altes Kulturgut und wertvolle Genreserven eliminiert würden. Der **Kampftrieb** müsse als einmaliges Rassegut unbedingt erhalten bleiben. Man könne schließlich mit den Tieren **sportliche Vergleichskämpfe nach fairen Regeln** unter Überwachung durch eine Verbandsinstanz durchführen (Emkow, 1995). Erfreulicherweise hat jedoch mittlerweile innerhalb des Dachverbandes, nicht zuletzt aufgrund behördlichen Druckes, ein Sinneswandel stattgefunden. Man hat akzeptiert, daß es lediglich kosmetische Beweggründe in Form überholter Vorstellungen vom Schönheitsideal eines Kampfhahns waren, die zur Verstümmelung der Tiere geführt haben und daher „schweren Herzens“ von 1996 an ein **Ausstellungsverbot für kammkupierte Rassehühner** beschlossen (Bund Deutscher Rassegeflügelzüchter, 1996); eine Resolution, die jedoch in den eigenen Reihen heftig torpediert wurde (Detering und Müller, 1996).

Als „Kleinod der Züchtungskunst“ wird in Liebhaberkreisen gern eine auffällig gezeichnete Taubenrasse, die *Böhmischen Flügelschecken*, gepriesen. Die typische Zeichnung dieser Tiere in Form abwechselnd weiß und farbig gefärbter Federn im Bereich der Flügel sowie der Fußbefiederung ist allerdings nicht das Resultat züchterischer Bemühungen, sondern das **Endprodukt jahrelanger Manipulation am Tier**. Um die gewünschte regelmäßige Zeichnung zu erzielen, werden farbige Federn so lange ausgezogen, bis aufgrund einer **dauerhaften Schädigung der Federfollikel** keine Melaninproduktion mehr erfolgt und die Federn entsprechend weiß nachwachsen (Lühmann, 1983). Zwar ist laut Beschluß des Bundeszucht- und Anerkennungsausschusses des Bundes Deutscher Rassegeflügelzüchter vom Juli 1995 das Ausziehen von Federn zur Verbesserung der Zeichnung bei *Böhmischen Flügelschecken* und den ähnlich gezeichneten *Gescheckten Thüringer Flügeltauben* nicht mehr gestattet. Da aber weiterhin eine möglichst regelmäßige Scheckung der Flügel im Rassestandard gefordert wird und diese bekanntermaßen nur durch mehrfaches Federziehen und die damit verbundenen Gewebeschädigungen erzielt werden kann, bleiben erhebliche Bedenken gegenüber diesen Zuchtrichtungen bestehen.

3 Exzessivbildungen des Integuments

3.1 Vermehrungen der Hautoberfläche

Von den durch Nasenverkürzung und lymphatischen Hauttyp geförderten vermehrten Gesichtsfalten und dadurch begünstigten Haut- und Augenerkrankungen bei brachyzephalen Hunden und Katzen – aber auch in mastiffartigen Rassen – war schon die Rede gewesen (Wegner, 1995 c). Sie sind „korrelierte Effekte" einer verfehlten Selektion. Analoges erlebte man bei zumindest einer Nutztierart, dem *Merinowollschaf*, als man zum Zwecke der Körperoberflächenvergrößerung und Steigerung des Wollertrages auf ausgeprägte **Hautfältelung** selektierte und sich damit einen enormen Anstieg der Anfälligkeit dieser Tiere zu **Schmeißfliegenbefall** (Myiasis durch die Larven) und **Vliesfäule** einhandelte – insbesondere in subtropischen Regionen (Endrejat, 1973). Obwohl man inzwischen von diesem Zuchtziel abrückte, bedingen z. B. in Australien und Neuseeland die Merkmalsantagonismen zwischen einem wirtschaftlich erwünschten hohen Vliesgewicht bei feiner, aber stark verfetteter Wolle und der Krankheitsresistenz hohe Befallsraten bis zu 20% des Tierbestandes (Sykes, 1994; Cottle, 1996); man sucht krampfhaft nach Hilfsmerkmalen, die es ermöglichen, das eine zu tun, ohne das andere zu lassen (James et al., 1987; Raadsma et al., 1988). Die Einkreuzung eines natürlichen Haarschafttyps brächte zwar erhöhte Widerstandskraft, jedoch können diese Mischtypen leistungsmäßig nicht konkurrieren (Rathie et al., 1994). Wie schon zuvor bei den „**Technopathien**" von Schwein, Geflügel und Rind z. T. diskutiert, könnte hier „**ökonomischen Zwängen**" nur durch politische bzw. standespolitische Maßnahmen entgegengewirkt werden, um tierschutzkonforme Zuchten zu ermöglichen.

Solche zur Exkulpierung immer wieder bemühten „Zwänge" entfallen jedoch völlig bei von Snobs und profitorientierten Züchtern im „**Knautschlook**" konzipierten „Designerhunden", den *Shar-Peis*, die durch ihren angezüchteten Faltenreichtum (Abb. 21) geradezu als Krankheitsmodell für „Cutis laxa" gelten können, eine Genodermatose des Menschen. Neben der schon vorn herausgestellten **Entropiumsdisposition** veranlagt das einen hohen Prozentsatz dieser Hunde zu einer Fülle von **ekzematös-mucinösen Hautprozessen** (Miller et al., 1992; White, 1993; Delverdier et al., 1995), die nicht selten lebenslange Behandlung erfordern (Hilsenroth, 1996). Hinzu kommt, daß bei solchen im Ausland oft auf schmaler Zuchtbasis weitergezüchteten „Exoten" schnell **hohe Inzuchtgrade** erreicht werden, welche das Auftreten weiterer Erbkrankheiten begünstigen, z. B. solche aus dem Immunkomplex (Ig-Defizienzen, Amyloid-Nephrosen, „**Shar-Pei-Fever**" mit Arthritis etc.), die mehrfach aus dieser Rasse beschrieben wurden (May et al., 1992; Rivas et al., 1993; Loeven, 1994; Sundberg et al., 1994) – aber auch Speiseröhren- und Zwerchfellanomalien (Stickle et al., 1992; Callan et al., 1993).

Abb. 21. Shar-Pei, der Faltenhund.

Extreme Hautfaltenbildungen sind jedoch nicht nur von Haussäugetieren bekannt, sondern auch bei Rassegänsen und Rasseenten zum Zuchtziel erkoren worden. Wohl am auffälligsten zeigt dieses Merkmal der Ausstellungstyp der *Toulouser Gänse*, die ihr massiges Exterieur durch **Kehlwammen**, **Brustkiele** und **Bauchwammen** erhalten, wobei letztere laut Rassestandard bis auf den Untergrund herabhängen sollen (Abb. 22). **Behäbigkeit**, die diese Rasse nur bedingt weidetauglich macht (Golze, 1995), und auf die umfangreichen Bauchwammen zurückgeführte **niedrige Befruchtungsraten** (Schneider, 1985; Schmidt, 1996) kennzeichnen den Irrweg, der bei der Kreation dieses Rassetypus eingeschlagen wurde.

Lokale Wachstumshypertrophien des Integuments treten bei einigen Haustaubenrassen im Bereich der **Nasenwachshaut** und der **Orbitalringe** auf. Bei den Rassen *Carrier* und *Indianer* (Abb. 23) weisen mehrjährige, dem „Schönheitsideal" entsprechende Tiere riesige, teilweise walnußförmige **Wucherungen der Schnabelwarzen** sowie stark **vergrößerte Augenringe** auf. Bei diesen geschwulstartigen Hautwucherungen handelt es sich allerdings nicht um tumoröse Entartungen (Fritzsche et al., 1990), sondern um eine genetisch determinierte Substanzzunahme. Insbesondere bei Alttieren können zahlreiche Verhaltensabläufe gehandicapt werden, da das Gesichtsfeld durch die zeitlebens an Größe zunehmenden Augenringe und Schnabelwarzen eingeschränkt wird. Wuchernde Schnabelwarzen neigen bei Altvögeln darüber hinaus dazu, die Nasenöffnungen zu überwachsen, wodurch eine **physiologische Atmung** der Tauben behindert wird. Alttiere müssen laut Züchterangaben daher aufgrund ihrer Rasseattribute häufig euthanasiert werden (Marks, 1980; Stach, 1985; Lahme, 1989; Fritzsche et al., 1990).

Vielgestaltige **Wucherungen des Kopfintegumentes** von teilweise enormen Ausmaßen sind die besonderen Kennzeichen diverser *Goldfischrassen*

Abb. 22. Toulouser Gans. Die Darstellung zeigt das Ausmaß der Wammenbildung in Relation zum Normaltypus.

Abb. 23. Porträt einer mehrjährigen Indianer-Taube mit rassetypisch hypertrophierten Schnabelwarzen und Augenringen.

(s. Abb. 15). Bei *„Kappenfischen"* sollen sich die Hautauswüchse lediglich auf die Kopfoberfläche beschränken, während bei *„Löwenköpfen"*, *„Büffelköpfen"* und zahlreichen weiteren Varianten auch die Kopfseiten einschließlich der Kiemendeckel „himbeerartig" von Hautwucherungen überwachsen sind. Bei extremer Ausprägung dieser Hauterhebungen wird das Gesichtsfeld der Fische erheblich eingeschränkt. Überdies gelten solche überdimensionierten Hautstrukturen als **verletzungsanfällig** und bilden damit häufig **Ausgangspunkte für Infektionen** (Kölle und Hoffmann, 1997). Als **Nasenbuketts** oder **Pompons** werden bei einigen Goldfischzuchtformen auftretende kugelförmige Hautauswüchse im Bereich der Nasenöffnungen bezeichnet, die nach Teichfischer (1994) so empfindlich sind, daß sie sich bereits durch Hängenbleiben in der Aquarienbepflanzung abschnüren lassen und nicht regeneriert werden.

3.2 Angorismus, Langfiedrigkeit und Beflossungshypertrophien

Es klang schon in Kap. 3.1 an, daß das Zuchtziel „Wolle“, d. h. eine beständig wachsende, nicht gewechselte Behaarung (meist der Unterwolle auf Kosten der reduzierten Deck- und Grannenhaare), zur Bildung eines für Verschmutzung und Verfettung anfälligen Vlieses führt, das Erreger- und Parasiteninvasionen begünstigt und der regelmäßigen Schur bedarf. Bei exzessiver Behaarung des Kopfes besteht zudem die Gefahr der **Wollblindheit** (Wegner, 1986). Nach der Schur leiden dann die *Schafe* gesteigert unter Sonnenbrand, zumindest in sonnenverwöhnten Ländern mit extensiver Schafhaltung. Auch bei Kaninchen kann der Angorismus übertrieben werden, denn *Angorakaninchen* sind dank ihrer Haartracht besonders anfällig für **Bezoarbildungen** (Isenbügel, 1996) und neigen insbesondere bei **exzessiver Kopfbehaarung** („Pudelkopf“) zu Augenerkrankungen sowie Beeinträchtigungen des Sehvermögens. Hinzu kommt, daß eine übermäßige Behaarung der Ohren beim Kaninchen als **Wärmedämmung** wirkt und damit die Regulierung der Körpertemperatur erschwert wird (Schlolaut, 1997).

Werden bei diesen Tierarten – mit bedingter Berechtigung – wieder wirtschaftliche Notwendigkeiten ins Feld geführt, so entfällt doch dieses Argument völlig bei einer unsinnigen Zuchtwahl auf **Hypertrichie** bei Liebhabertieren. Einigen Varianten der *Ungarischen Hirtenhunde*, aber auch bei Pudeln u. a., wird eine verfilzende, verklettende Wollast oder verlängerte Haarpracht wie bei Spaniels und Yorkies aufgebürdet, die sie („Schnürenpudel“) bei tiefem Schnee fast bewegungsunfähig macht („Eisbehang“) und die überdies bei mangelnder Pflege erbärmlich stinken. Nicht anders ergeht es übertypisierten *Perserkatzen*. Es ist sicher kein Zufall, daß es gerade diese Rassen sind, die gehäuft zu **Dermatosen** wie Talgdrüsenentzündungen und seborrhoischem Ekzem sowie zu **Hautpilzbefall** neigen (Power et al., 1992; Sparkes et al., 1992; White et al., 1995; Moisan und Watson, 1996; Antos et al., 1996; Scott und Miller, 1996).

Bei Angora-Zuchtformen des *Syrischen Goldhamsters* werden neben dem gehäuften, da aufgrund der übermäßigen Behaarung lange Zeit unbemerkten und dann oftmals nicht mehr therapierbaren Auftreten von Hautparasiten (**Demodex-, Sarcoptes- und Notoedres-Befall**) des öfteren auch **Gliedmaßenstrikturen** und **Penisligierungen** durch die Angorabehaarung beobachtet (Isenbügel, 1996). *Meerschweinchen*-Rassen mit exzessiver Haarfülle (Alpaca, Merino, Peruaner) sollen außerdem bei höheren Außentemperaturen Schwierigkeiten haben, ihre Körpertemperatur zu regulieren; es drohen Hitzestau und Hitzschlag. Langhaar-Meerschweinchen mit Haarlängen bis 50 cm verschmutzen überdies leicht. Der kundige Züchter dreht die Haare daher auf Lockenwickler, um die „Haarpracht“ seiner Tiere nach ausgiebiger Haarwäsche unbeschadet präsentieren zu können (Rissi, 1997). Etwas weniger im Zuchtziel wäre auch hier etwas mehr an Gesundheit und Wohlbefinden für das Tier.

Bei *Vögeln* können einzelne Federfluren, aber auch das gesamte Gefieder hypertrophe Entwicklungen aufweisen. Immense **Wachstumssteigerungen**

des Schwanzgefieders sind z. B. bei Haushähnen der Rasse *Phönix-Onagadori* zu beobachten, bei denen die Hauptsichelfedern einen jährlichen Längenzuwachs von ca. 70–100 cm erreichen können. Da bei männlichen Tieren unter bestimmten Haltungsbedingungen die **Schwanzgefiedermauser** unterbleibt, sind Althähne mit einer Schwanzsichellänge von bis zu 13 m Länge bekannt. Sasaki und Yamaguchi (1970) führen das **abnorme Schwanzfederwachstum** auf zwei Erbfaktoren zurück, wobei ein Gen das Längenwachstum steuert, während ein weiteres Gen für den Ausfall des jährlichen Mauserzyklus verantwortlich gemacht wird. Beide Gene scheinen bezüglich ihrer Penetranz stark von Umweltbedingungen, speziell der Haltungsform der Merkmalsträger, abhängig zu sein. Die angestrebte Langschwänzigkeit läßt sich offenbar nur erzielen, wenn Onagadori-Hähne in sog. „Schrankkäfigen" auf Sitzstangen ohne Auslaufmöglichkeiten gehalten werden. Können die Tiere sich hingegen ungehindert bewegen, stagniert das Federwachstum, und das Schwanzgefieder wird außerdem im normalen Rhythmus gemausert. Die im Rassestandard geforderten Schwanzlängen sind folglich bei dieser Rasse nur durch Haltungsbedingungen zu erzielen, die zweifellos „rassegerecht" im Sinne der Erzielung eines rassetypischen Phänotyps sind, beim besten Willen jedoch nicht als tiergerecht bezeichnet werden können.

Die außerordentliche Federfülle bestimmter *Positurkanarienvögel* wird auf eine mutative Federverlängerung zurückgeführt. Genetisch determiniert und offenbar mit dem sog. „**Federverlängerungsfaktor**" gekoppelt scheint bei diesen Rassen eine **Disposition für Federmißbildungen** zu bestehen. Neben Federn mit abnormer Struktur von Schaft und Fahne verursachen mißgebildete Federn, die sich im Federfollikel einrollen, sehr häufig **Federbalgzysten** (Pass, 1989), von Züchtern auch als „**lumps**" oder „**Knoten**" bezeichnet. Nach Ansicht zahlreicher Züchter ist allerdings nicht allein die Langfiedrigkeit als Ursache für die Ausbildung solcher „lumps" anzusehen. Ganz wesentlich soll sich darüber hinaus die als „Federtextur" beschriebene Beschaffenheit der Feder auf die Ausbildung von „lumps" auswirken, da gerade Zuchtformen mit besonders weichem Gefieder vermehrt derartige Federmißbildungen aufweisen. Durch Änderungen der Rassestandards und konsequente Zuchtauswahlkriterien wird seit einiger Zeit verbandsintern versucht, die Problematik der Federbalgzysten in den Griff zu bekommen. Inwieweit auch das bei Positurkanarienrassen gehäufte Auftreten von **Sehstörungen** bis hin zur **Blindheit** in unmittelbarem Zusammenhang mit der Langfiedrigkeit gebracht werden muß, ist bislang unbekannt. Eine genetische Disposition für **Katarakte** konnte in Zuchtlinien von *Yorkshire-Kanarien* jedoch bereits nachgewiesen werden (Slatter et al., 1983).

Beim *Wellensittich* tritt eine auffällige Befiederungsanomalie in Form abnormen Federwachstums des öfteren in hochgezüchteten Populationen sog. „Schauwellensittiche" auf (Vins, 1993). Als Ursache gilt eine unter der Bezeichnung „**Chrysanthemumfaktor**" bekannte, vermutlich autosomal rezessiv vererbende Mutation, die bei Merkmalsträgern („**feather duster**") zu extremem Federwachstum führt. Bei betroffenen Tieren sind die Federn des Stirn-Kopf-Bereiches und von Brust, Flanken und zum Teil des Bürzels ca. 4 bis 6mal länger als bei normal befiederten Tieren; Schwung- und Schwanzfedern erreichen ungefähr die doppelte Länge. Aufgrund dieser Befiederungsanomalie sind die Vögel stark sichtbehindert und auch weitestgehend flugunfähig. Die Aufklärung des Erbganges dieser **Federwachstumshypertrophie** gestaltet sich schwierig, da „feather duster“ kaum älter als ca. neun Monate werden; ein großer Teil der Jungvögel stirbt bereits in der Phase des Selbständigwerdens. Als Grund für die Kurzlebigkeit der Vögel wird ein **therapieresistentes Eiweißmangelsyndrom** vermutet, das durch den erheblich erhöhten Proteinbedarf infolge der übersteigerten Federbildung verursacht wird (Oser und Berens von Rautenfeld, 1977, Hochleithner, 1993). Zur effektiven Eliminierung dieses Zuchtdefektes bleibt aufgrund seiner autosomal-rezessiven Vererbung jedoch für den Hobbyzüchter nur die Möglichkeit, beide Elterntiere aus der Zucht zu nehmen, wenn bei einem Zuchtpaar in der Nachzucht „feather duster“ aufgetreten sind. Auch phänotypisch unauffällige Nachkommen solcher Zuchtpaare dürfen daher nicht weiter zu Zuchtzwecken verwendet werden, da bei diesen Tieren gleichermaßen damit gerechnet werden muß, daß sie als Anlageträger das Defektgen weitertragen und damit auch künftig geschädigte Nachkommen in den Zuchtlinien auftreten werden.

3.3 Stellungsanomalien der Hautanhangsorgane

Die Haut und ihre Anhangsorgane (Haare, Federn etc.) entstammen genauso wie das Nervensystem dem embryonalen Ektoderm. Entwicklungsstörungen in diesem Bereich haben somit oft nicht nur dermatologische, sondern auch neurale Konsequenzen. Dieses ist offenbar beim *Rhodesian Ridgeback* der Fall, jenem südafrikanischen „Löwenhund“, der seinen Namen einer gegen die allgemeine Haarstellung weisenden „Bürste“ (Ridge) verdankt, die er rücklings zwischen Kruppe und Widerrist trägt – sozusagen eine permanente, rassenspezifische „Drohgebärde“ (Wegner, 1995c), was ihm hierzulande wachsende Beliebtheit beschert (Kasa et al., 1992). Leider geht dieser Ridge bei einem beträchtlichen Prozentsatz der Tiere mit der Veranlagung zu **Dermoid-Sinus** einher – blindsackartigen Hauteinstülpungen, die in schwersten Formen noch Verbindung zum Rückenmark besitzen und dann zu neurologischen Ausfallserscheinungen führen (Marks et al., 1993; Lambrechts, 1996). Es muß daher an eine genetische Kopplung zwischen Ridge und dieser Mißbildungsneigung gedacht werden (Penrith und v. Schouwenberg, 1994). Statt aber nun auf das überflüssige „Rassemerkmal“ ganz zu verzichten, greifen die Züchter vielfach wieder zu **Totschlagsverfahren**: Fast jeder dritte Welpe werde aus „kynologischen Gründen“ gemerzt (Müller-Forrer, 1985), was durch neuere Berichte erhärtet wird (Brook-Risse, 1991). Aus anderen Rassen wurde diese Anomalie nur selten, an anderen Lokalisationen und meist als Bestandteil multipler Syndrome beschrieben (Fatone et al., 1995).

Analog sind bei zahlreichen domestizierten Vogelarten im Laufe ihrer „Haustierkarriere“ Varianten aufgetreten, deren Gefieder nicht mehr dem Federstrich folgt und dem Körper glatt anliegt, sondern bei denen in bestimmten Bezirken Federn in abweichender Stellung in der Haut inserieren. Solche **Federstellungsanomalien** gehören neben außergewöhnlichen Gefiederfärbungen zweifellos zu den auffälligsten Eigentümlichkeiten zahlreicher Hausgeflügel-Varietäten (Bartels et al., 1991 a, b, 1992 a, b).

Insbesondere das Kopfintegument scheint nach Herre und Röhrs (1990) eine gewisse „Veranlagung“ zur Ausbildung von **Federhauben** zu besitzen, welche unter den speziellen Bedingungen des Haustierdaseins in erhöhtem Maße zur Ausprägung kommen. Solche Haubenbildungen präsentieren sich art- bzw. rassenspezifisch ebenso vielgestaltig wie die u. U. direkt und/oder indirekt mit diesen Strukturen verbundenen Beeinträchtigungen.

Beim *Haushuhn* wird die Federhaube von harmonisch vergrößerten Konturfedern gebildet, die mehr oder weniger senkrecht aus der verdickten Kopfhaut austreten. Die deutlichen Unterschiede in der Haubenstruktur von Hähnen und Hennen sind auf den Geschlechtsdimorphismus der Federn zurückzuführen, der auch im Rahmen der Haubenbildung erhalten bleibt (Requate, 1959). Haubenhühner sind bereits aus mittelalterlichen Darstellungen bekannt, doch fällt auf, daß die Federhauben noch von recht geringer Ausdehnung waren und ihre Träger nur wenig behindert haben dürften, was unter den damaligen Haltungsbedingungen zweifellos auch fatale Folgen gehabt hätte (Gesner, 1981). Anders verhält es sich bei heutigen Hochzuchtrassen. Selektion auf **hohe Befiederungsdichte** bei gleichzeitiger Federverlängerung und die Kombination mit einer **genetisch fixierten Auftreibung des Schädeldaches** (vgl. Kap. 2.3) haben zu Federhauben von z. T. enormen Volumina geführt (Abb. 24). Durch die damit verbundene **Einschränkung des Gesichtsfeldes** werden erhebliche Verhaltensbeeinträchtigungen induziert, die sich in **Orientierungsstörungen**, **Lethargie bei gleichzeitiger Übererregbarkeit** und anderen Störungen äußern. Da diese Aspekte in Züchterkreisen durchaus bekannt sind, wird Haubenhühnern in der Zuchtperiode das Haubengefieder beschnitten oder zusammengebunden, wodurch gleichzeitig der Milbenbefall, unter dem großhaubige Hühnerrassen häufig leiden, besser kontrolliert werden kann. Mit einer züchterischen Verkleinerung der Haube hat man sich hingegen in der Vergangenheit recht schwer getan. Zwar wird in den Rassestandards ausdrücklich ein freies Sichtfeld gefordert, doch was nutzt ein solcher Passus, wenn sich Züchter und Zuchtrichter gleichermaßen darüber hinwegsetzen und von Verbandsseite nicht entschlossen genug eingeschritten wird.

Bei *Hausenten* stellt die **Federhaube** (Abb. 25) gegenwärtig die einzige mutative Gefiederveränderung dar, die in der Domestikationsgeschichte dieser Tierart züchterisch manifestiert wurde (Lancaster, 1990). Aufgrund ihres gefälligen Aussehens erfreuen sich haubentragende Enten bei Geflügelliebhabern offenbar bereits seit altersher besonderer Attraktivität, denn Darstellungen von Haubenenten sind bereits auf Gemälden aus dem 17. Jh. überliefert. Arbeiten von Krautwald (1910), Rüst (1932) und Requate (1959) zufolge wird allerdings durch die Federhaube nicht nur ein auffälliger Phänotyp erzielt. Ähnlich wie bei Haubenhühnern inserieren auch bei gehäubten Hausenten die Federn der Haube in einem verdickten Hautbezirk am Hinterkopf, der sich bei umfangreichen Hauben zu einem **fettreichen Bindegewebshöcker** entwickeln kann. Das unterliegende Schädeldach ist häufig nicht geschlossen, sondern weist umfangreiche Fehlstellen auf, an denen die Haubenhaut direkt mit den Hirnhäuten verwachsen ist (Abb. 26).

Abb. 24. Konterfei einer Sultan-Henne mit exzessiver Federhaube.

Abb. 25. Porträt einer Haubenente.

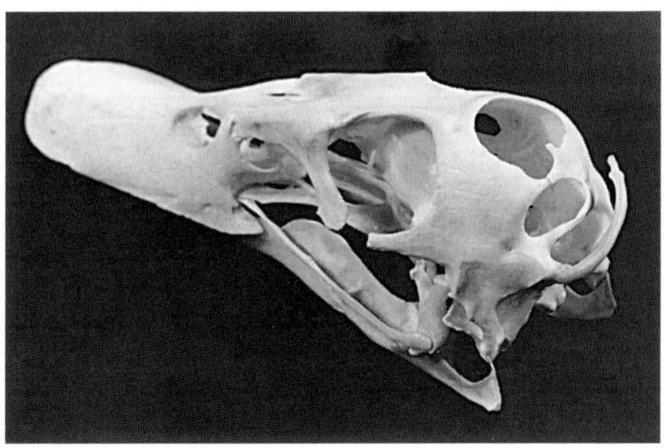

Abb. 26. Schädel einer adulten Haubenente mit umfangreichen Perforationen des Schädeldaches.

Eine Volumenzunahme infolge Fetteinlagerung kann nach Requate (1959) zu **Gewebsverlagerungen in das Schädelinnere** führen und u. U. lebenswichtige Hirnfunktionen beeinträchtigen. Die **pleiotropen Effekte** des als autosomal-dominant mit unvollständiger Expressivität beschriebenen

Hauben-Gens sollen bei homozygoten und heterozygoten Merkmalsträgern außerdem zu **hohen prä- bzw. postnatalen Sterberaten**, **pathologischen Abweichungen in der Schädel- und Hirnanatomie** sowie zu vielfältigen **zentralnervösen Ausfallserscheinungen** führen. Entgegen anderslautenden Bekundungen seitens der Zuchtverbände sind diese negativen Begleiterscheinungen bei der Zucht von Enten mit Federhaube gegenwärtig noch immer nicht züchterisch eliminiert worden. Im Rahmen radiologischer und magnetresonanztomographischer Untersuchungen verschiedener Haubenentenbestände ließen sich bei zahlreichen Tieren **anomale Gewebseinlagerungen im Gehirn**, **Meningo-Enzephalozelen** sowie **Schädeldefekte** in Form persistierender Fontanellen und in das hypodermale Haubenpolster eingebettete **Knochenneubildungen** variabler Form und Größe feststellen (Bartels et al., 1997). Auch die bereits von Krautwald (1910), Rüst (1932) und Requate (1959) geschilderten **hohen Brut- und Kükenverluste** bei der Reinzucht von Haubenenten konnten im Rahmen von Zuchtversuchen bestätigt werden (Bartels et al., 1997). Auffällig war insbesondere der hohe Anteil letaler Nachkommen mit umfangreichen **Mißbildungen des** Oberschnabels sowie des Schädeldaches, **Meningo-Enzephalozelen** und **asymmetrischen Zwillingsbildungen** (Abb. 27).

Durch lokale Änderungen in der Insertionsrichtung des Kopfgefieders kommt es auch bei zahlreichen *Haustaubenrassen* zu Haubenbildungen. Genetische Defekte, die in ursächlichem Zusammenhang mit der Haubenbildung stehen, sind bisher für Tauben nicht beschrieben worden. Allerdings hat auch hier züchterischer Ehrgeiz bei Rassen wie den *Bucharischen Trommeltauben* (Abb. 28) Federstrukturen geschaffen, die als **blickdichte Vorhänge** die Augen verhängen. Bei *Perückentauben* wiederum ist der Kopf durch **Wirbelbildungen der Halsseitenfluren** regelrecht von Federn eingehüllt (Abb. 29). Auch hier muß zumindest in der Zuchtperiode mit der Schere eingegriffen werden, um befriedigende Zuchtergebnisse zu erhalten, denn die häufig von Züchtern geäußerte Behauptung, diese Rassetauben

Abb. 27. Perinatal abgestorbenes Haubenenten-Küken. Auffällig sind neben Hirnbruch und Verkürzung des Oberschnabels besonders die stummelförmigen Lauf-Rudimente im Kopfbereich.

Abb. 28. Kopfporträt einer Bucharischen Trommeltaube.

Abb. 29. Konterfei einer Perückentaube.

könnten ihr Halsgefieder willkürlich aufstellen bzw. anlegen, muß wohl auf Verwechslungen mit Kakadus zurückgehen. Fehlstellungen bestimmter Federpartien scheinen die Vögel darüber hinaus zu **gesteigerter Gefiederpflege** zu veranlassen. Die Tiere reagieren auf die Federfehlstellungen am Kopf mit den für diese Körperregion typischen Komfortbewegungen, die allerdings aufgrund der veränderten Federinsertion zu keinem befriedigenden Ergebnis führen. Dies wiederum veranlaßt das Tier zu gesteigerten Putzaktivitäten (Bartels et al., 1994).

Auch bei Ziervögeln sind bereits diverse Varianten mit mutativen Federhauben züchterisch fixiert und im Ausstellungswesen etabliert worden. Ähnliche Sehschwierigkeiten wie bei manchen Haustaubenrassen treten bei einigen Kanarienvogel-Zuchtformen auf, deren verlängerte Haubenfedern bis über den Schnabel hängen können (Abb. 30). Hinzu kommt sowohl bei

Abb. 30. Zuchtformen des Kanarienvogels (nach Dodwell und Hills, 1986; verändert). Obere Reihe: Crested (li.), Gloster Corona (re.), mittlere Reihe: Scotch Fancy (li.), gewöhnlicher Kanarienvogel (mi.), Paduaner (re.), untere Reihe: Gibber Italicus (li.), Bossu Belge (re.).

Haubenkanarienvögeln als auch bei *Haubenzebrafinken* und *gehäubten Japanischen Mövchen*, daß homozygote Merkmalsträger nicht lebensfähig sind und gegen Ende der Bebrütungszeit bzw. in den ersten Lebenstagen nach dem Schlupf absterben (Jödicke, 1978; Schulze, 1985; Denstorf, 1986). Das Merkmal „Federhaube" stellt damit bei domestizierten Singvögeln offenbar nicht nur phänotypisch (Federwirbel im Kopfgefieder), sondern auch genotypisch (autosomal-dominant mit unvollständiger Expressivität und rezessiver Schadwirkung) eine echte Parallelbildung dar.

Haubenwellensittiche besitzen nach Ziswiler (1963) als homozygote Merkmalsträger mindestens zwei Haubenbildungszentren, während sich bei heterozygoten Haubenwellensittichen lediglich ein Federwirbel am Vorderkopf befindet. Verantwortlich für die **hohe Sterblichkeit homozygoter und heterozygoter Merkmalsträger** von ca. 48% ist das pleiotrope Manifestationsmuster des Haubenfaktors. Die Letalität liegt in **embryonalen Hydrocephali** sowie **Gehirnblutungen** gegen Ende der Entwicklungsperiode begründet. Erstaunlich hoch ist der Anteil nichtletaler Wellensittiche, jedoch sollen sich auch bei diesen „**vitalen Durchbrennern**" aufgrund **abnormer Gehirnvergrößerungen** zahlreiche Anomalien wie **Muskeltremor**, **Gleichgewichts- und Koordinationsstörungen** sowie **Verhaltensdefekte** zeigen. Bei homozygoten Haubenwellensittich-Weibchen fielen sowohl die Gelege- als auch die Eigröße deutlich geringer aus als bei normalen Vögeln. Das Erbgut der Muttertiere schafft dadurch offensichtlich eine zusätzliche Letalkrise für die Nachkommenschaft, denn in zu kleinen Eiern entwickeln sich kümmernde Jungtiere, die häufig während des Schlupfaktes absterben. Aufgrund stark differierender Zuchtberichte ist bislang allerdings umstritten, ob Haubenbildungen beim Wellensittich nur durch den von Ziswiler (1963) analysierten Erbfaktor verursacht werden oder ob weitere Mutationen existieren, die phänotypisch zu einem ähnlichen Erscheinungsbild führen, jedoch keine Schädigungen bei homozygoten und/oder heterozygoten Merkmalsträgern verursachen (Radtke, 1984; Saur, 1993).

Neben dem Kopfgefieder können auch in weiteren Federfluren Federstellungsanomalien auftreten. Bei Taubenrassen wie der *Chinesentaube* sind besonders die Körperunterseite sowie Hals- und Brustpartien betroffen. Beim *Kanarienvogel* finden sich ebenfalls zahlreiche Varianten, die Wirbelbildungen im Kleingefieder aufweisen und als sog. „**frisierte**" **Rassen** zusammengefaßt werden. Eine Zuchtform mit **Wirbelbildungen im Kleingefieder** existiert auch beim *Japanischen Mövchen*. Werden solche Rosettenmövchen mit Haubenmövchen verpaart, gerät offensichtlich bei der Nachzucht die Gefiederbeschaffenheit völlig außer Kontrolle. Die Federstellungsanomalien betreffen nun nicht mehr eng begrenzte Bezirke im Brustbereich, sondern dehnen sich über das gesamte Gefieder einschließlich der Schwung- und Steuerfedern aus. Derartige Vögel machen einen geradezu zerzausten Eindruck und sind fast flugunfähig. In der Zwischenzeit wurden diese Kombinationszüchtungen in Eigeninitiative seitens der Ziervogel-Zuchtverbände aus den Standardbeschreibungen gestrichen (Vereinigung für Artenschutz, Vogelhaltung und Vogelzucht, 1996 a); sicherlich eine wirksame Maßnahme, da eine Zuchtform, die nicht mehr auf Ausstellungen präsentiert werden kann, i. d. R. erheblich an Attraktivität für den Züchter verliert.

Abb. 31. Araucana-Henne mit ausgeprägten Bommeln.

Als **Ohrbommeln** oder **Tuffs** werden warzenförmige, mehr oder weniger dicht befiederte Hautauswüchse in der Nähe der Ohröffnungen bezeichnet, die zum Rassebild der *Araucana-Hühner* gehören (Abb. 31). Größe, Lage und Befiederungsgrad der Bommeln sind sehr variabel, wobei vom Züchter insbesondere Wert auf eine möglichst symmetrische Anordnung der Hautanhängsel gelegt wird. Die Federquasten sind das sichtbare Ergebnis eines autosomal-dominanten Gens mit unvollständiger Expressivität, welches neben den rassetypischen Hautstrukturen auch **Mißbildungen der Gehörgänge** verursachen kann sowie **hohe Embryonal- und Jungtiersterblichkeiten** bei homozygoten und heterozygoten Merkmalsträgern induziert (Pabilonia und Somes, 1981, 1983; Somes, 1978; 1990 a, Somes und Pabilonia, 1981). Gegenwärtig wird seitens der Zuchtverbände beklagt, daß trotz gleicher Merkmalsausprägung und entgegen den Ausführungen in der einschlägigen Fachliteratur (Baumeister, 1987) die an amerikanischen Zuchtformen gewonnenen Erkenntnisse nicht auf deutsche Rassehühner übertragen werden können, doch fehlt bislang gesichertes Beweismaterial für diese Argumentation. Weil darüber hinaus ein großer Teil der Nachkommen nicht den Anforderungen des Rassestandards entspricht, sind die Araucana-Hühner auf Rassegeflügel-Ausstellungen laut Baumeister (1987) „... in aller Regel der klägliche Rest einer einstmals riesigen Bruteiersammlung. Wer trotzdem an diesem so interessanten Huhn Gefallen gefunden hat und wen das Exklusive reizt, der hat mit den Araucana sicherlich die richtige Rasse gefunden. Hier kann der Züchter zeigen, was in ihm steckt ...".

3.4 Rasseimmanente Mißbildungen von Hautanhangsorganen

Einwandfrei feststellbare Mißbildungen des Gefieders gehören den Angaben der entsprechenden Rassestandards zufolge zu den schweren Zuchtfehlern und führen entsprechend zur Disqualifikation der ausgestellten Tiere (Bund Deutscher Rassegeflügelzüchter, 1983, 1995). Leider gilt dieser Passus offenbar nur dann, solange die Federmißbildung nicht zum erstrebenswerten Zuchtziel idealisiert wurde. Ist dies allerdings der Fall, werden auch tiefgreifende Beeinträchtigungen normaler Gefiederfunktionen ohne weiteres billigend in Kauf genommen.

Bauanomalien in der Feinstruktur der Feder führen zur sog. **Seidenfiedrigkeit**. Die Federn *seidenfiedriger Haushühner* unterscheiden sich von normalen Konturfedern durch einen dünneren Schaft und verlängerte Seitenäste. Ihre haarähnliche Struktur erhalten Seidenfedern durch den Verlust der Federhäkchen an den Hakenstrahlen. Damit geht der Zusammenhalt der Federfahne verloren, wodurch die Tiere nicht nur **flugunfähig** werden, sondern auch die **Isolationsfunktion des Gefieders** erheblich leidet. Können seidenfiedrige Zuchtformen bei Haushühnern als „Lauf- und Scharrvögel" unter Tierschutzaspekten vielleicht noch toleriert werden, sofern tiergerechte Haltungsbedingungen gewährleistet werden, stellt die Zucht *seidenfiedriger Tauben* zweifellos einen tierschutzrelevanten Irrweg dar. Seidenfiedrige Varianten finden sich nicht nur bei *Haustauben*, sondern auch bei *Lachtauben*. Zwar unterscheiden sich Merkmalsvererbung und Symptomatik (Deformation der Hakenstrahlen) von den bei Hühnern beschriebenen Phänomenen, doch sind die Auswirkungen ähnlich. Sowohl homozygote als auch heterozygote Merkmalsträger gelten als **extrem wärmebedürftig** und sind **hochgradig flugbehindert bzw. flugunfähig** (Cole und Hollander; 1932, Miller; 1956). Derartige Behinderungen sind mit den artspezifischen Lebensansprüchen und Verhaltensabläufen von Haus- und Lachtauben nicht vereinbar und bergen erhebliche Risiken für Gesundheit und Wohlbefinden der Tiere in sich. So neigen gerade Tauben z. B. bei Revierstreitigkeiten dazu, Artgenossen, die sich nicht durch Flucht entziehen können, durch gezielte Schnabelhiebe auf den Kopf regelrecht zu skalpieren (Goodwin, 1983).

Bei einigen Haushuhnrassen wird im männlichen Geschlecht zeitlebens kein typisches Hahnengefieder mehr angelegt. Federform und Federgröße sind bei Hähnen und Hennen dieser Rassen auch im Hals- und Schwanzgefieder weitestgehend identisch. Diese sogenannte „**Hennenfiedrigkeit**" ist die Folge einer **kutanen Hormonstörung** der Hähne, da in der Haut eine Umwandlung von Testosteron in Östradiol erfolgt, wodurch im Gefieder die Ausbildung der sekundären Geschlechtsmerkmale unterbleibt (George et al., 1981).

Bei anderen Zuchtformen wird das typische Prachtgefieder der Hähne nur noch schwach angedeutet; insbesondere viele *Kampfhuhnrassen* asiatischen Ursprungs sind durch eine sehr kurze, straffe Befiederung gekennzeichnet. Mitunter treten aufgrund der Kurzfiedrigkeit speziell im Brustbereich und an den Schenkeln nackte Hautpartien hervor, was von Züchtern als „wertvolles" Rasseattribut gewünscht wird (Schmidt, 1985). Auch der Hals- und Sattelbehang sowie die Schwanzsicheln fallen vergleichsweise unscheinbar aus. Daß gerade die ehemals zu Kult- und Sportzwecken verwendeten Kampfhuhnrassen sich durch besondere Kurzfiedrigkeit auszeichnen, kommt nicht von ungefähr. Adulte Hähne erhalten durch das lediglich angedeutete Prachtgefieder das Aussehen „halbstarker" Junghähne, die als Kampfgegner nicht ernst genommen und ohne Anstalten angegriffen werden. So kommt es ohne die normalerweise üblichen, aber kampfverzögernden Droh- und Imponiergesten schnell zu den erwünschten heftigen *Hahnenkämpfen*. Ähnliche Effekte dürfte das früher bei Kampfhähnen übliche

Beschneiden der Schmuckfedern gehabt haben. Die aufgeführten Maßnahmen heben die enge Kopplung zwischen Morphologie und Verhalten auf, die beim Wildtier in der Regel vorhanden ist, beim Haustier als domestikationsbedingte Anpassung jedoch häufig fehlt. Durch Ab- bzw. Umzüchtung des betreffenden Organs (hier männliches Prachtgefieder) werden Verhaltenssignale entsprechend einem speziellen „Nutzungszweck" (z. B. Kampfverhalten oder Hebung des „Schauwertes") variiert, ungeachtet dessen, daß Funktionskreise des normalen Verhaltens dabei gestört oder beseitigt werden (Engelmann, 1984; Bartels et al., 1992 a).

„Wie gegen den Strich gebürstet" erscheinen *Hühner* mit **invertiertem Kleingefieder**. Bei solchen auch als **struppfiedrig** bezeichneten Vögeln sind sämtliche Konturfedern nach außen gekrümmt, und an den Handschwingen fehlen häufig die Innenfahnen, wodurch diese Hühner weitestgehend flugunfähig sind. **Stoffwechselstörungen**, **Organvergrößerungen**, **Beeinträchtigungen des Wärmehaushalts** und **hohe Embryonalsterblichkeiten** werden als weitere negative Aspekte in der Zucht struppfiedriger Hühner beschrieben (Übersicht bei Somes, 1990 a).

Unter dem Begriff „Gefiederlockung" sind phänotypisch recht unterschiedliche Federdeformationen zusammengefaßt. *Lockentauben* sind durch eine mehr oder weniger auffällige Kräuselung des Gefieders gekennzeichnet. Besonders ausgeprägt findet sich diese sog. Lockung im Bereich des Flügelschildes, dessen Federn korkenzieherartig verdreht erscheinen, doch sind selbst Schwung- und Steuerfedern von der Wellung betroffen. Auffällig ist, daß Lockentauben trotz ihrer stark modifizierten Federn im Bereich des Flügelschildes in dieser Region nur unwesentlich mehr Gefiederpflege betreiben als Tauben mit normal strukturiertem Deckgefieder. Die Begründung dürfte in der Morphologie der Lockenfedern liegen. Diese sind zwar apikal korkenzieherartig aufgerollt, inserieren jedoch in Federstrichrichtung in der Haut. Anders als bei Federstellungsanomalien wird deshalb von den Mechanorezeptoren der Federbasis scheinbar keine Fehlstellung gemeldet, die es durch Ordnen des Gefieders zu korrigieren gilt (Bartels et al., 1994).

Bei *Lockengänsen* sind besonders die Deckfedern der lateralen Gefiederfluren stark verlängert und infolge gestörter Wachstumsprozesse während der Federbildung sehr weich und spiralig verdreht. Die **Instabilität der Feder** zeigt sich auch am Federschaft, der häufig median aufspaltet, so daß Außen- und Innenfahnen schlaff herabhängen. Solche Spaltfedern werden offensichtlich durchaus züchterisch gefördert, da auf diese Weise eine besondere Lockenfülle vorgetäuscht wird (Goeßler, 1938). Offenbar wird allerdings auch bei Lockengänsen ein Zuchtziel propagiert, welches **Vitalität und Fruchtbarkeit** der Rassevertreter negativ beeinflußt (Marks, 1991). Einerseits kann das Lockengefieder laut Rassestandard für ein wertvolles Tier nicht lang und üppig genug sein. Andererseits gilt nach Schmidt (1996) auch heute noch die Züchterweisheit: „Je voller die Locken, desto empfindlicher das Tier".

3.5 Behaarungs-, Befiederungs- und Beschuppungsanomalien

In der landwirtschaftlichen Nutztierzucht mögen wenig behaarte Individuen z. T. verfahrens- und lebensmitteltechnische Vorteile bieten, wie z. B. moderne *Fleischschweine*, die in den Brüh- und Enthaarungsapparaturen des Schlachtprozesses ohnehin ihrer restlichen Haare beraubt werden. Rassen mit einem richtigen „Pelz", wie z. B. einige Balkanschweine (*Mangalicza*), gerieten dagegen stark in Rezession. Dies mag aber zur bekannten **Thermolabilität** insbesondere der Jungtiere dieser Art beitragen, von denen ein hoher Prozentsatz ständig unter Ferkelhusten, -grippe und Bronchopneumonien zu leiden hat (Wegner, 1986) – insbesondere bei ungünstigen stallklimatischen Bedingungen.

Auch bei *Küken* ist es zumindest in kälteren Klimaten von vitaler Bedeutung, daß die Befiederung nach dem Schlupf rasch erfolgt. **Genetisch gebremster Federwuchs**, der durch ein auch von Kükensortierern genutztes Gen auf dem Z-Chromosom vererbt wird, ist ein starker Selektionsnachteil, zumal er an ein endogenes Leukosevirus-Gen gekoppelt ist (Smith und Nelson, 1993; Wimmers et al., 1996).

Dieser Aspekt hat natürlich weniger Gewicht in wärmeren Zonen wie etwa Mexiko und Südamerika, die uns neben *Nackthunden* und *Nacktkatzen* auch *Nacktschweine* bescherten – hochinteressante Studienobjekte übrigens für die vergleichende Dermatologie. Tropische Länder melden auch Vorteile bei Verwendung des **Nackthals-** und **„Late feathering"-Gens** in Hühnern, besonders in Kombination mit der Anlage für **Lockenfiedrigkeit**, was eine Reduktion des Federkleides um ca. 20% induziert (Rauen et al., 1986; Männer, 1991) und insbesondere Broiler und größere Zwiehühner (weniger kleine) gegenüber Hitzestreß und Federpicken resistenter und damit leistungsfähiger macht (Berrio et al., 1987; Bordas und Mérat, 1992; Eberhart und Washburn, 1993); allerdings sei die Schlupffähigkeit herab-, die Kükenmortalität heraufgesetzt (González et al., 1995).

Solchen und anderen Genmanipulationen fehlt jedoch in reinen Liebhaberzuchten die ethische Berechtigung – „exotische" Zuchtziele stellen jedenfalls keine dar. Dies gilt insbesondere für *Nackthunde* (Abb. 32) und *Nacktkatzen*. Schon Kohn (1921), der seine Erkenntnisse auf dermatologische Studien stützte, schimpfte: „Mag sein, daß nackte Hunde ihre Anomalie in heißen Ländern besser ertragen als bei uns, wo sie als arme Kranke – das sind sie ja – ein elendes Dasein fristen".

Die vielen gesicherten Befunde zur obligaten, vom „Standard genehmigten" **Zahnunterzahl** dieser Krüppel und zur **Letalität bei Homozygotie** des Nacktgens sind bei Wegner (1995 c) zusammengestellt. Aber auch neuere Resultate einer japanischen Arbeitsgruppe, die von *Mexican Hairless-Hunden* ausging, untermauern diese Aussagen: Die Haarlosigkeit kommt durch eine Entwicklungshemmung und Mißbildung der Haarfollikel zustande (**ektodermale Dysplasie**), die die Haut vorzeitig altern läßt. Als „Ersatz" und nur unvollkommener Schutz gegen Sonnenbrände wandern vermehrt Melanozyten ein (Kimura und Doi, 1994), so daß diese Tiere nachgefragte Mutanten für Erythem-Studien darstellen. Zudem bilden sich vielfach **Komedonen**

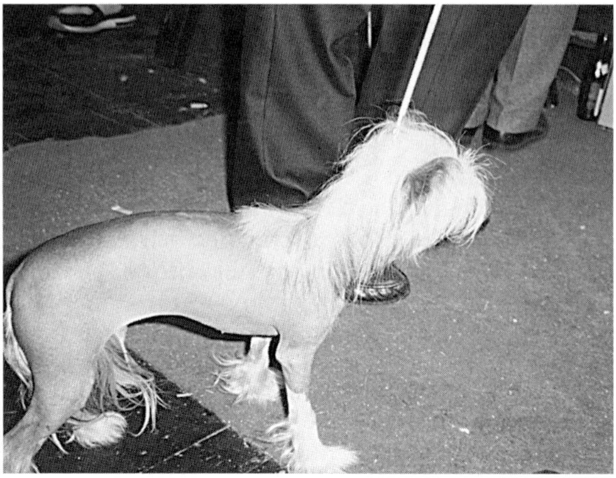

Abb. 32. Haarloser Chinesischer Schopfhund.

(akne-ähnliche „Mitesser"), die sie auch für das Studium solcher Effloreszenzen interessant machen (Kimura und Doi, 1996). Ähnlich wie Nacktmäuse, wenngleich nicht direkt vergleichbar, sind diese Haarlosen durch **Thymusatrophien** und Lymphozyten- und Mastzelldefizite in ihrer Immunkompetenz herabgesetzt (Hirota et al., 1990; Fukuta et al., 1991); sie zittern und frieren schon bei Raumtemperatur und bedürfen klimatisierter Räume, denn stellte man Welpen keine beheizten Nester zur Verfügung, betrug die **Überlebensrate nur ca. 30%** (Kimura et al., 1993); alles Gründe, den § 11 b Tierschutzgesetz voll wirksam werden zu lassen.

Analog die Situation bei *Nacktkatzen* („Sphinx"), zumindest, was die **Hautanomalien** betrifft; aber auch **Thymusatrophien** bei haarlosen Katzen wurden beschrieben (Casal, 1994; Casal et al., 1994). „Wieso man eine solche ‚Rasse' weiterzüchten sollte, ist mir unverständlich", meint der Dermatologe Scott (1980). Auch das scheinheilige Argument, nackte Heimtiere seien ideal für Allergiker, sticht nicht recht. Meist sind es tierische Epithelien und Speichelbestandteile, die als Allergene in Betracht kommen. So soll beispielsweise die kurzhaarige Siamkatze öfter sensibilisieren als andere (Anon., 1996 c).

Hypotrichien, d. h. eine **Fellausdünnung**, meist einhergehend mit extremer Kurzhaarigkeit und Kahlstellen sowie spärlich gelockter Unterwolle, haben gleichfalls oft negative Auswirkungen für die Behafteten. Katzenwelpen zeigen ohnehin in den ersten Lebenswochen eine Hypothermie (Untertemperatur) (Mähler et al., 1993) – *Rexwelpen* werden dann noch hypothermer sein. Auch ihre Schnurrhaare sind verkürzt und verkrümmt, und zu ihrer mickrigen körperlichen Entwicklung paßt ihr zartes Stimmchen. Sie seien daher hervorragend für die Haltung in Mietwohnungen geeignet. Wenn man dann in die **rezessive Rex-Mutante** weitere Defektgene wie etwa Schlappohrigkeit und dominantes Weiß mit Taubheit einkreuzt, so bekommt man die „**Pudelkatze**" – in der Tat eine „Ausgeburt züchterischen Erfolgs" (Wegner, 1995 c). Es liegt zudem in der Natur der Sache, daß in solchen „exotischen" Zuchten vermehrt mit Inzucht gearbeitet wird. So wurde der Grundstein der „*German Rex*" durch Mutter-Sohn-Inzest gelegt. Es verwundert somit nicht, daß es in solchen „Experimentalzuchten" zur Kumulation weiterer Schadgene kommt. So häufen sich bei „*Devon-Rex* die Berichte über Kniescheibenverrenkungen, Myopathien („Spastiker") und Blutgerinnungsstörungen (Malik et al., 1993; Robinson, 1993; Winand, 1994; Littlewood et al., 1995).

Auch der Rex-Faktor bei *Kaninchen*, der eine Verkürzung und Verminderung der Haare kodiert (Tao, 1994), stellt ein **Subvitalgen** dar, so daß „mit der Haltung und Züchtung von Rex-Kaninchen Probleme verbunden sind" (Schlolaut, 1994). Diese äußern sich vor allem in **Fitness-Merkmalen** wie Wurfgröße, Wurfgewicht und Aufzuchterfolg, die unterdurchschnittlich sind (Huang et al., 1992; Rochambeau et al., 1992; Tao, 1992). In einer breitangelegten Zwei-Rassen-Studie (50% Rex) stellte diese Rasse 2/3 der pathologisch-anatomischen Befunde, was ihre verminderte Krankheitsresistenz untermauert (Henriksen, 1982). *Rex-Meerschweinchen* sollen hingegen infolge einwärts gekrümmter Wimpern zu Cornea-Irritationen und Augeninfektionen neigen (Rissi, 1997).

Bei *Hunden* schließlich (vor allem Junghunden) geht eine ausgeprägte **Kurzhaarigkeit**, wie etwa bei Dobermann, Boxer, Dackel und Windhunden, öfter mit Befall durch Haarbalgmilben, der **Demodikose**, einher als in stärker behaarten Rassen (Cadiergues und Franc, 1995), insbesondere wenn zugleich wie beim *Shar-Pei* die Haut stark gefältelt ist, so daß daraus ein Befall von 9–14% der Population resultiert (Mathet et al., 1996).

Befiederungsdefizite bis hin zu vollständiger Federlosigkeit sind auch bei diversen domestizierten Vogelarten aufgetreten und z. T. auch züchterisch manifestiert worden. Fast völlig nackt präsentiert sich die sog. „**Scaleless"-Mutante** des *Haushuhns*, der außerdem auch die Lauf- und Zehenbeschuppung fehlt. Während diese Mutation nur für spezielle wissenschaftliche Fragestellungen von Bedeutung ist, hat **partielle Federlosigkeit** durchaus auch auf dem Hobbysektor ihren Liebhaberkreis gefunden. Bei *Nackthalshühnern* sind Kopf, Hals und Brustpartie völlig nackt, lediglich im Scheitelbereich findet sich ein kleiner Federschopf (Abb. 33). Auch die Körperbefiederung fällt signifikant spärlicher aus als bei normal befiederten Hühnern. Nackthalshühner sollen daher eine größere Hitzetoleranz aufweisen, weshalb „naked necks" auch in der tropenorientierten Nutzgeflügelzucht Einzug gefunden haben (s. o.). Im Rahmen der Heimtierzucht scheint es jedoch mehr das Abweichen von der Normalität zu sein, das Nackthalshühnern bei Liebhabern des Extravaganten und Absonderlichen zu einer gewissen Verbreitung verholfen hat. Gleiches gilt für Taubenrassen wie die *Rumänischen Nackthalstümmler*, bei denen allerdings anders als bei Nackthalshühnern Kopf und Körper normal befiedert sind und lediglich der Hals nackt bzw. von verkümmerten Federn bedeckt ist (Abb. 34).

Eine durch ihr absonderliches Exterieur auffallende Kanarienvogelrasse ist der *Gibber Italicus* (s. Abb. 30). Bei dieser Zuchtform ist die Anzahl der Federfollikel signifikant verringert, wodurch sich die im Rassestandard geforderten nackten Hautpartien an Kopf, Bauch und Schenkeln zeigen. Aufgrund der unzureichenden Befiederung, deren Isolationsfunktion zusätzlich durch „frisierte" Bezirke (vgl. Kap. 3.3) herabgesetzt wird, erweisen sich

Abb. 33. Nackthalshuhn.

Abb. 34. Rumänischer Nackthalstümmler.

Gibber-Kanarien als **empfindliche, wärmebedürftige Rasse** (Schicktanz, 1987). Laut Speicher (1993) dürfen Gibber-Kanarien und verwandte Rassen allerdings keinesfalls als Defektzüchtungen angesehen werden, sondern sind vielmehr „... Kulturgeschöpfe, vom Menschen so gewollte und gezüchtet. Italienischen Windspielen vergleichbar, erfordern auch sie den Sinn für romanische Wesensart, die solche Tiergestalten geschaffen hat. ...“. Die Kreation solcher Zuchtformen kann jedoch wahrhaftig nicht als kulturelle Leistung gelten, sondern muß als trauriges Endergebnis jahrzehntelanger Negativselektion gewertet werden.

Neben Befiederungsdefiziten haben auch **Gefiederneubildungen** Einzug in die Rassegeflügelzucht gefunden. Während die Stammarten der domestizierten Vogelarten durchweg unbefiederte, mit Hornschuppen bzw. Hornschildern bedeckte Läufe und Zehen aufweisen, ist bei zahlreichen Zuchtformen eine mutative Umwandlung der Beinbeschuppung in Federn zu beobachten. Während dieses Phänomen z. B. bei *Wellensittichen* und *Agaporniden* bislang noch nicht züchterisch manifestiert wurde und zur Rassebildung geführt hat, existieren bei *Haustauben* und *Haushühnern* zahlreiche federfüßige Varianten.

So beschreiben Koch et al. (1957) für das Haushuhn sieben Grundformen, in denen sich **Federfüßigkeit** präsentieren kann. Zwischen diesen können allerdings mannigfaltige Übergänge vorkommen, wobei das Spektrum durch unterschiedliche Kombinationen der Grundmuster noch beträchtlich erweitert wird. Eine ähnlich große Vielzahl läßt sich auch bei Haustauben beobachten und hat zu vielfältigen Erscheinungsbildern geführt. Nicht nur das Ausmaß der **Ptilopodie**, sondern auch ihre Größe und Form erweisen sich als sehr variabel, wobei die Spanne von mit kurzen Konturfedern bedeckten, sog. „bestrümpften" Läufen bis hin zu einer als „Belatschung" bezeichneten **handschwingenartigen Fußbefiederung** reicht (Abb. 35). Es bleibt nicht aus, daß derartige Gefiederneubildungen diverse Verhaltensabläufe in unterschiedlichster Weise beeinflussen können. Als evolutive Neuerung im Verhaltensinventar belatschter Haustauben ist das Einbeziehen der Fußbefiederung in das Gefiederpflegeverhalten zu werten, wobei Korrelationen zwischen der Federlänge und verschiedenen Putzaktivitäten beobachtet werden können. Die Federn an Läufen und Zehen werden von der Taube in gleicher Weise wie Federn entsprechender Größe in den Federfluren geputzt. Da die Fußbefiederung leicht verschmutzt, ist entsprechend auch der Pflegeaufwand in diesem Bereich recht hoch (Bartels et al., 1994). In anderen Funktionskreisen wie beispielsweise der Lokomotion und der Fortpflanzung hat sich hingegen offensichtlich noch keine Verhaltensanpassung entwickelt. Stark belatschte Tauben sind aufgrund ihrer sperrigen Fußbefiederung sowohl beim Laufen und Fliegen als auch in ihrem Balz- und Paarungsverhalten behindert. Auch wurden von solchen Varianten bislang keine Verhaltensweisen etabliert, die eine Beschädigung von Gelegen oder Nestlingen verhindern (Nicolai, 1976). In Kenntnis dieser Problematik wird den Tieren daher in der Zuchtperiode die Lauf- und Zehenbefiederung beschnitten, sofern sie nicht bereits durch mechanische Einflüsse abgebrochen ist.

Abb. 35. Sächsische Flügeltaube mit ausgeprägter Fußbefiederung.

Nur auf diese Weise können Reproduktionserfolge erzielt werden, die denen vergleichbarer Rassen mit beschuppten Läufen entsprechen. Bei belatschten Hühnerrassen erübrigt sich diese Prozedur in der Regel, da die Fußbefiederung infolge der Scharraktivitäten in der Zuchtperiode ohnehin auf ein die Fortpflanzung kaum noch behinderndes Maß abgestoßen ist. Läßt man allerdings federfüßige Hühner einmal selbst zur Brut schreiten und ihren Nachwuchs aufziehen, zeigt sich auch hier, daß eine weit ausladende Fußbefiederung kein tiergerechtes Zuchtziel darstellt, denn neben Gelegebeschädigungen können vor allem junge Küken durch die Fußbefiederung der futterscharrenden Henne in Mitleidenschaft gezogen werden.

4 Pigmentierungsanomalien

4.1 Albinismus

In der Rassezucht, nicht nur bei Liebhabertieren, spielten die Ästhetik, das Exterieur und damit Haar- und Hautfarbe immer schon eine bedeutende Rolle – fernab von der ursprünglichen Funktion der Einpassung des Individuums in seine natürliche Umwelt. Dies ist legitim, solange bestimmte Pigmentierungs- oder Depigmentierungsgene nicht über **pleiotrope Effekte (Kopplungseffekte)** negative Auswirkungen auf behaftete Individuen haben. Das ist leider in vielen Pigmentmangel-Syndromen der Fall (Wegner, 1986, 1995), so auch beim **Albinismus**.

Albinos, denen durch eine oft nur in einer einzigen Aminosäure mutativ veränderte Tyrosinase die Fähigkeit zur Melaninbildung gänzlich abgeht (Yokohama et al., 1990), stellen als seltene Mutanten in Wildpopulationen pigmentlose „Außenseiter" dar, die einem starken **Selektionsdruck** unterliegen. Selbst bei den Kunas auf Ustupu im Golf von Mexiko, wo dieser Enzymschaden aufgrund von Verwandtschaftsehen gehäuft auftritt, wurden bis vor gar nicht langer Zeit albinotische Neugeborene getötet (Willert, 1989). Auch „Schneeflöckchen", der weiße Gorilla von Barcelona, konnte wohl nur hinter Zoogittern 30 Jahre alt werden. Analoges gilt für die vielen Albino-Versuchstier- und Haustiervarianten in menschlicher Obhut, so bei Maus, Ratte, Kaninchen, Nerz (Joutsenlahti und Fors, 1988) u. a. Die Neigung dieser im Volksmund auch „Kakerlaken" genannten Individuen zu Nystagmus (**Augenzittern**) und **Photophobie**, die Anfälligkeit amelanotischer Haut generell für **Krebs** unter UV-Einwirkung ist vielfach belegt, so z. B. bei Mensch, Katze, Rind und Pferd (Wegner, 1986; Rogers, 1994). So bildet sich vor allem in Rinderrassen mit weißem Kopf und unpigmentierten Augenlidern (Hereford, Simmenthaler, Fleckvieh) unter intensiver Sonneneinwirkung öfter ein „**Cancer eye**", das besonders in Australien, USA und Afrika für hohe Verluste sorgt (Köstlin und Jonek, 1986; Bailey et al., 1990; Anderson und Badzioch, 1991; Otter et al., 1995), wenngleich dabei immunologische, lokale (Ozonschicht?) und andere Faktoren eine Rolle spielen mögen (Sloss et al., 1986; Klein, 1990). Es ist daher zu begrüßen, wenn in diesen Rassen verstärkt auf kräftige **Augen-, Lid- und Lidrandpigmentierung** selektiert wird (Simmental, 1988), was auch für Pferde gefordert wird (Dugan et al., 1991). Aber auch anderenorts fördern unpigmentierte Epithelien Tumorbildungen, was offensichtlich für das **Vulvakarzinom** in *Ayrshirerindern* (Samuel, 1989; Schauberger, 1997) genauso gilt wie für **Melanome** bei *Schimmeln* (Sundberg et al., 1977; Schott, 1990).

Sehr helle, kaum bräunungsfähige Haut und rötliche Hare, d. h. die Unfähigkeit, Eumelanin zu bilden, gehen beim ***Menschen*** *mit „Missense"-Mutationen der Rezeptoren des MSH (Melanozyten-stimulierendes-Hormon) (Valverde et al., 1995) und erhöhter*

Hautkrebsrate *einher. Sonnenlicht kann in unpigmentierter, ungeschützter Haut viel massiver Schutzfaktoren (Tumorsuppressorgene, p53 u. a.) mutieren (Ziegler et al., 1994), die normalerweise durch gezielten Zellabbau (Apoptose) und DNA-Repair tumoröse Entartungen verhindern (Kamb, 1994). Solche zumindest in der Tierzucht selektiv beeinflußbaren Hautkrebsfaktoren sind strikt von familiären Formen zu trennen, die – hocherblich geprägt – bei Mensch und Tier unabhängig von der Hautfärbung entstehen (Tissot et al., 1989; Kamb et al., 1994; Müller et al., 1995).*

Der geschlechtsgebundene Teilalbinismus bei *Hühnern* geht mit **reduzierter Schlupffähigkeit** und **erhöhter Kükenmortalität** infolge von Schäden an Nabel, Sprunkgelenk und Nasenöffnung sowie geringer Streßresistenz einher (Silversides und Crawford, 1991; Silversides et al., 1992), was ähnlich wie beim autosomalen Albinismus u. a. durch eine mangelnde Fähigkeit, die Nährstoffe des Dottersacks zu nutzen, erklärt wird (Pardue et al., 1990; Santos und Silversides, 1996). Dennoch werden gewisse positive Effekte auf die Eiproduktion (Bordas und Merat, 1992; Su et al., 1994), vor allem aber seine Vorteile für das „**Sexing**", das Kükensortieren genutzt (Santos und Silversides, 1996). Die männlichen Nicht-Albinos können schon im durchleuchteten, embryonierten Ei erkannt und aussortiert, sozusagen abgetrieben werden. Dies ist allerdings mehr ein optischer und ökonomischer als ein grundsätzlicher Fortschritt.

Die Zucht der *Herrenhäuser „Weißgeborenen"* am Hannoverschen Marstall dagegen wurde – offenbar aus Gründen der Subvitalität – wieder eingestellt (Schulze, 1987), wobei nicht klar ist, ob es sich bei diesen rotäugigen weißen Pferden um echte Albinos handelte. Denn auch aus anderen Zuchten beschrieb man weitere **Schimmelungsfaktoren mit Letalität** bei Reinerbigkeit (Hutt und Rasmusen, 1982).

Wenig bekannt sind die Folgen von Albinismus bei Vögeln, da spezielle Untersuchungen an albinotischen Vögeln offenbar noch ausstehen und sich die bisherigen Kenntnisse im wesentlichen auf Zufallsbeobachtungen beschränken (Bartels, 1996 a, b). Vogel (1983) berichtete von albinotischen *Haustauben*, die ein **stark eingeschränktes Sehvermögen** besaßen sowie **heftiges Augenzittern** aufwiesen und daher sämtlich nach dem Absetzen von den Elterntieren starben, weil sie nicht in der Lage waren, sich selbständig zu ernähren. Haushuhn-Albinos werden als **extrem lichtempfindlich** und dadurch unter normalen Haltungsbedingungen **stark sehbehindert** beschrieben und sollen bereits als Küken durch **Vitalitätsmängel** und **Kümmerwuchs** auffallen (Gleichauf, 1972). Dies dürfte der Grund sein, weshalb Albino-Varianten bei Geflügelliebhabern keine Verbreitung gefunden haben.

Recht häufig hingegen sind depigmentierte Zuchtformen mit roten Augen bei zahlreichen *Papageienvögeln* sowie verschiedenen *Prachtfinken* aufgetreten und züchterisch etabliert worden (Vins, 1993; Vereinigung für Artenschutz, Vogelhaltung und Vogelzucht, 1996 a, b). Diese von Züchtern verkürzt als „**Inos**" bezeichneten Varianten sind nicht zwangsläufig reinweiß gefärbt, sondern können je nach Vorkommen von Diffusfarbstoffen (z. B. Carotinoide) auch rote und/oder gelbe Gefiederpartien aufweisen und werden dann als „Lutinos" bezeichnet. Über negative Auswirkungen der Pigmentlosigkeit, insbesondere Schwachsichtigkeit, Lichtempfindlichkeit sowie einer Disposition für strahlungsinduzierte Retinaschäden, wie sie für Albino-Zuchtformen von Labornagern beschrieben werden, ist bislang nichts bekannt. Von Züchterseite wird im Gegenteil immer wieder darauf verwiesen, daß beispielsweise „Albino"- und „Lutino"-Wellensittiche sich unter Gefangenschaftsbedingungen im Verhalten nicht von normalpigmentierten Vögeln unterscheiden und beispielsweise ein „Lichtmeideverhalten" nicht festgestellt werden kann. Detaillierte anatomisch-pathologische und ethologische Studien, die diese Beobachtungen bestätigen können, stehen allerdings noch aus. Erste Untersuchungsergebnisse deuten jedoch darauf hin, daß zumindest die **geschlechtsgebunden vererbende Variante** der sog. „Ino"-Wellensittiche *keine oculo-cutane Albino-Mutation* darstellt, da histologisch sowohl in der Iris als auch im Augenhintergrund sowie im Augenfächer (Pecten oculi) Melanin nachgewiesen werden konnte und diese damit nicht als albinotische, sondern vielmehr als **extrem hypopigmentierte** Farbvariante anzusehen ist (Wilken, 1998).

Albino-Mutationen sind auch von verschiedenen *Reptilien-* und *Amphibien*-Spezies (Bechtel, 1995) sowie insbesondere zahlreichen „klassischen" Aquarienfischen wie der *Sumatrabarbe* (*Barbus tetrazona*), dem *Punktierten Panzerwels* (*Corydoras paleatus*) und dem *Segelkärpfling* (*Poecilia velifera*) bekannt. Letztere gehören in gut sortierten Zoohandlungen inzwischen bereits zum Standardangebot, obgleich diesen und vergleichbaren albinotischen Zuchtformen anderer Zierfischspezies **Vitalitätsmängel** und **herabgesetzte Lebensfähigkeit** nachgesagt werden (Kirpicnikov, 1987; Petzold, 1990). Stallknecht (1989) meint allerdings, daß Fischalbinos nicht „von Natur aus" Kümmerlinge sind. Vielmehr seien die Vitalitätsmängel unter Aquarienbedingungen auf das **schlechtere Sehvermögen** dieser Tiere zurückzuführen, die dadurch mehr Zeit für die Futteraufnahme benötigen. Bei Vergesellschaftung mit normal pigmentierten Artgenossen sind Albinos daher **nicht konkurrenzfähig**, sollen sich hingegen bei separater Haltung normal entwickeln. Im typischen Gesellschaftsaquarium mit seinem häufig allein unter „ästhetischen" Aspekten komponierten Fischbesatz dürften albinotische Zierfische allerdings einen schweren Stand haben.

4.2 Akromelanismus

Die sog. Albinoserie umfaßt auch Mutationen, die die eingeschränkte Melaninsynthese noch zulassen, z. B. beim **Akromelanismus** (Kälteschwärzung), wo eine thermolabile Tyrosinase-Variante diese Synthese und damit eine Pigmentierung an den im allgemeinen „kälteren", d. h. weniger durchbluteten Körperenden (Akren) gestattet, nicht jedoch am Rumpf. So gibt es viele akromelanistische Versuchstiermutanten, aber auch die *Siamkatze* und die *Kalifornier-* und *Russenkaninchen* (Himalaya) sind Beispiele dafür. Werden umgrenzte Hautbezirke an diesen Tieren gekühlt, so entwickeln sich auch dort farbige Hautbezirke, während sich umgekehrt durch Aufzucht bei hoher Raumtemperatur „Pseudo-Albinos" erzeugen lassen (van Nie et al., 1987; Schuchardt, 1990).

Wie schon beim Totalalbinismus gesehen und noch bei weiteren Depigmentierungsgenen zu erörtern, bereiten die vielen ontogenetischen Wechselbeziehungen zwischen Melanisierung, Nerven- und Sinnesentwicklung auch bei Partialalbinos den Boden für potentielle Entgleisungen in diesem Bereich, was vor allem bei der Siamkatze und ihren Verwandten deutlich wird: **Oszillatorischer Nystagmus** (horizontales, unwillkürliches Augenzittern), **neurogener Strabismus** (Schielen) durch anomale Faserverläufe der Sehbahn und **Amblyopie** (Sehschwäche) werden bei Siamesen häufiger registriert (Wegner, 1995 c). Züchterische Bemühungen können dem entgegenwirken, es sei denn, man hört auf „Züchter", die suggerieren wollen, eine waschechte Siam müsse schielen und einen Knickschwanz haben. Die *Burmesen*, welche ihre (meist bräunliche) Farbaufhellung einem anderen Allel der Albinoserie verdanken, zeigen gleichfalls Besonderheiten in Kopfform und Augenstrukturen, die sie insbesondere zu **Erkrankungen der Augenhilfsorgane** (Lider, Nickhaut, Tränen-Nasengang) prädisponieren mögen (Whitley et al., 1993).

4.3 Hypopigmentierungen und andere Farbvarianten

Allgemeine Hypopigmentierungen resultieren nicht selten, wenn **lysosomale Defekte** vorliegen, denn Melanosomen sind ja spezialisierte Lysosomen. In solchen erbgeschädigten, aufgehellten Genotypen sind dann z. B. gleichzeitig die Leukozytengranulierungen, nicht selten auch Thrombozyten betroffen, was Funktion und Lebensdauer dieser wichtigen **Blutkörperchen** beeinträchtigt und damit die **Infektionsanfälligkeit** und **Blutungsbereitschaft** erhöht (**Chediak-Higashi-Syndrom** [CHS]) (Ozaki et al., 1994). Besonders in farbverblaßten *Pelztiermutanten*, bei denen man aus modischen Erwägungen immer wieder eine breite Palette von Farbvarianten erzüchtet, kommt es zu solchen unguten **pleiotropen Effekten**. Aus „Gun-metal"-Aleutennerzen, Omberg-, Pearl- und Arctic blue-Füchsen u. a. werden sie beschrieben und führen zu hoher Mortalität (Fagerland et al., 1987; Nes und Lium, 1990). Zahlreich sind die Nagerzuchten, in denen man solche Zusammenhänge nachwies und als **Versuchsmodelle** nutzt (Swank et al., 1991, 1993, 1996). Auch bei *Farmfüchsen* ist die „White face"- oder **Platin-Serie** bei Homozygotie infolge von Blutbildungsstörungen **letal** (Nes und Fougner, 1986).

Die Katzenzüchter sollten ebenfalls aufpassen, daß sie sich mit **„Blue smoke"-Varianten** nicht CHS einhandeln (Wegner, 1995d). Silbergrau-farbverdünnte *Collies* mit zyklischer Neutropenie unterliegen dagegen nicht nur wegen ihrer starken **Infektdisposition**, sondern auch als „Fehlfarbe" einer steten Selektion (Dale et al., 1995). Aber in gescheckten Border-Collies wurde dieser Defekt gleichfalls beschrieben (Allan et al., 1996).

Als Fehlfarbe wird auch meist der blaugraue Dobermann-Pinscher aussortiert, denn er leidet an einer unheilbaren **Genodermatose** (**Blue dog syndrome**) (Wegner, 1995 c). Diese Farbmutante kommt jedoch auch bei anderen Rassen vor (Finnie und Tham, 1994; Löwenstein, 1995), und man sollte wirklich Abstand davon nehmen, solche „blauen" Hunde züchten zu wollen.

Bei Vögeln können Gefiederfärbungen auf sehr unterschiedliche Weise zustande kommen. Häufig sind sogar mehrere Komponenten (**Melanine**,

Diffusfarbstoffe, **Strukturfarben**) für eine bestimmte Farbgebung notwendig (Lühmann, 1983; Bezzel und Prinzinger, 1990). Entsprechend vielfältig sind auch die Färbungsmodifikationen, die durch den Ausfall einer oder mehrerer farbgebender Komponenten entstehen können. Insbesondere die Zucht mit farbaufhellenden Erbfaktoren kann offenbar gewisse Risiken in sich bergen. So führt beim *Kanarienvogel* das Unvermögen, Carotinoide aus der Nahrung in die Feder einzulagern, in Abhängigkeit von der Melaninverteilung zu phänotypisch schiefergrauen bis weißen Exemplaren. Interessant sind sowohl die Heterogenität als auch die pleiotropen Effekte in der Vererbung dieser Farbvarianten.

Bei der autosomal-rezessiv vererbenden Spielart, den sog. „**Englisch-weißen**" **Kanarien**, handelt es sich nach Dorrestein und Schrijver (1982) um die sichtbaren Auswirkungen eines genetisch determinierten Stoffwechseldefektes, genauer gesagt einer **erblichen Störung des Vitamin A-Haushalts**. Von Züchterseite aus wird bestritten, daß bei rezessiv-weißen Kanarienvögeln Mangelerscheinungen und wie auch immer geartete Vitalitätsdefizite auftreten. Diese Phänomene seien lediglich anfangs zu verzeichnen gewesen, allerdings zwischenzeitlich durch konsequente Selektion züchterisch eliminiert worden; ein prinzipiell möglich erscheinender, jedoch noch experimentell zu bestätigender Sachverhalt. Eine weitere weiß bzw. grauschwarz gefärbte Variante des Kanarienvogels ist phänotypisch durch **geringfügige Carotinoideinlagerungen** im Bereich des Flügelbuges charakterisiert. Dieser auch als „**Deutsch-weiß**" bezeichnete Farbschlag wird auf einen **autosomal-dominanten Erbfaktor mit rezessiver Schadwirkung** zurückgeführt, der bei homozygoten Merkmalsträgern seine letale Wirkung entfaltet (Duncker, 1928).

Die **leuzistischen Zuchtformen** des *Japanischen Mövchens* sollen hingegen keine eigenständige Mutation darstellen, sondern züchterisch durch eine Kombination von dominanten und rezessiven Scheckungsgenen erzielt werden. Für solche reinweißen Mövchen wird eine Disposition zu **Augentrübungen** und **Blindheit** beschrieben (Jödicke, 1978). Ähnliche Symptome können offensichtlich desgleichen bei der Zucht von aufgehellten Varietäten anderer Spezies auftreten. Radtke (1989) berichtete, daß in Zuchten **rezessiv-silberner** *Nymphensittiche* häufig Tiere mit erheblichen **Sehschwächen** bis hin zur **Erblindung** anzutreffen sind. Schwere Schädigungen können farbaufhellende Gene ebenfalls beim *Zebrafinken* hervorrufen. So führt das Merkmal „Dominant-pastell" (früher als „Dominant-silber" bezeichnet) bei heterozygoten Merkmalsträgern zu einer **dispersen Pigmentverteilung** unter Beibehaltung der arttypischen Zeichnungsmuster, während homozygote Exemplare gegen Ende der Embryonalzeit oder einige Tage nach dem Schlupf absterben (Jödicke, 1978). Heterozygote „Wangen"-Zebrafinken sind außer ihrer charakteristischen Farbaufhellung insbesondere durch die beiden Geschlechtern eigenen **grauen oder braunen Wangenflecken** („Bleiwangen") gekennzeichnet, reinerbige Exemplare fallen überdies durch hochgradige **Anomalien des optischen Apparates** wie Mikrophthalmie, Mikrocorneae, Linsenverluste, Lidspaltenverkleinerungen und Schädelveränderungen auf (Flach et al., 1980, 1981).

4.4 Tigerungs-, Scheckungs- und Zeichnungsmuster

Wirbeltierembryonen besitzen in der sog. Neuralleiste einen Rückenwulst omnipotenter Zellen, die nach ihrer Auswanderung (Migration) zu Nerven-, Endokrin-, Bindegewebs- und Pigmentzellen werden. Dabei setzt ihre Differenzierung zu den genannten Zellen oft erst kurz vor dem oder am Bestimmungsort und erst nach Interaktion mit dem dortigen Gewebe ein (Epperlein, 1988). Damit wird klar, daß z.B. die Verteilung und Funktion der Melanozyten und damit die Pigmentierung nicht allein durch den Genotyp der Neuralleistenzellen, sondern durch eine Fülle von Faktoren determiniert werden, die während oder nach der Migration auf sie einwirken.

Migrationsstörungen oder ausbleibende Induktion durch die Zielorgane führen dann zu lokalen **Depigmentierungen** bzw. Pigmentlosigkeiten, zu **Scheckungsmustern**. Wenngleich dieses Phänomen gleichfalls grundsätzlich durch Großgene (Scheckungserbanlagen) gesteuert wird, so ist doch verständlich, daß sich durch die geschilderte Komplexität während der Embryonal- und Neugeborenenentwicklung eine Vielzahl von zufälligen Verteilungen (Read, 1995), von endogenen (hormonell, geschlechtlich), und exogenen Einflußmöglichkeiten (Temperatur, Ernährung etc.) ergeben. **Scheckungen**, **Sprenkelungen** und **Tigerungen** sind daher regelmäßig unregelmäßig, wie z. B. beim Merlefaktor des Hundes und der Punktscheckung der Kaninchen (Abb. 36) deutlich wird (Gerlitz et al., 1993; Wegner, 1995 a).

Rassestandards, die diese normale (nichtgenetische) Variabilität nicht berücksichtigen und die Tiere nach rigiden, „vorgeschriebenen" Verteilungs- und Pigmentierungsmustern „richten" („egale Masken" bei Bernhardinern und Sennenhunden, „maximal 1/3 Weiß" bei Boxern, gleichmäßige Tüpfelung beim Dalmatiner und Kaninchenschecken etc.) und die notgedrungen auftretenden vielen „**Fehlfarben**" damit meist „hinrichten", sind unbiologisch und bedürfen dringend der Revision. Denn sind diese „Fehlfarben" voll vital und merzt man sie dennoch aus rein farbformalistischen Gründen, so ist dies ein „Töten ohne vernünftigen Grund" und damit strafbar (**§ 17 Tierschutzgesetz**). Diesbezügliche Abmahnungen scheinen die Adressaten nun erreicht zu haben (Ketzler, 1997) und rufen auch die Tierschützer auf den Plan (Klein, 1997). Sind diese Farbvarianten aber mit pathologischen Erscheinungen behaftet, so verbietet sich eine Zucht mit diesen Genen eigentlich von selbst (**§ 11 b Tierschutzgesetz**).

Diese Aussage trifft voll für den unvollkommen dominanten **Merlefaktor** (M) des *Hundes* sowie für das **dominante Weiß** (W) der *Katzen* zu. Hier bestehen eindeutige Parallelen zu genetischen Pigmentmangelsyndromen von Mensch und Maus, die durch sog. **Pax-Gene** (paired box domain) gesteuert werden. Sie verursachen neben Weißscheckung von Haar und Haut u.a. Taubheit, Augenmißbildungen oder Darmlähmungen (**Klein-Waardenburg-Syndrom**, **Hirschsprung-Krankheit** bei Mensch und Splotch-Maus) (Baldwin et al., 1992; Tassabehji et al., 1992; Vogan et al., 1993).

Pax-Gene haben große übergeordnete Bedeutung für die embryonale Entwicklung, denn ihre Produkte beteiligen sich an der Steuerung der Tran-

Abb. 36. Breite, nicht „standardkonforme“ Variation der Punktscheckung bei Kaninchen (hier: Deutsche Riesenschecken).

skription und damit der Proteinsynthese (Sanyanusin et al., 1995). Mutationen an diesen Genorten greifen somit sehr früh bei Neuralleistenzellen an und stören dann – wie sich aus den zuvor geschilderten Zusammenhängen ergibt – oft beides, die **Pigmentierung** und **neurale Strukturen**. Die Variabilität der Pigmentverluste und klinischen Symptome ergibt sich dabei nicht

Abb. 37. Harlekin-Sprenkelung beim Tigerteckel. Der Merlefaktor prädisponiert für Hör- und Sehschäden.

nur aus besagter Komplexität der Migrationsprozesse, sondern auch aus der beträchtlichen Zahl unterschiedlicher **Pax-Mutanten**, dem genetischen „Background“, der rassisch und durch diverse „**Modifier-Gene**“ different geprägt sein kann (Asher et al., 1996), so daß selbst bei Heterozygoten die ganze Bandbreite variabler „Expressivität und Penetranz“ dieser Erbkrankheiten von schwersten Defekten bis hin zu völliger Normalität sichtbar wird.

Genau das imponiert auch beim **Merlefaktor**, jenem partiell dominanten Sprenkelungsgen des Hundes, das in vielen Rassen, z. B. Tigerteckeln (Abb. 37), zur Erzeugung einer erwünschten **Harlekin-Sprenkelung** mißbraucht wird, obwohl seine Schadwirkungen seit langem bekannt sind (Wegner, 1995 c, d). Die Fülle auftretender **Anomalien im Bereich der Sinnesorgane**, die breite Variabilität der Scheckungsmuster und Symptomatik konnte in langjährigen Untersuchungen an einer Tigerteckelkolonie geklärt werden (Wegner, 1971 c; Bauer, 1990). Aber auch in Auflistungen von Strain (1992, 1996) und Whitley et al. (1995) fallen vor allem Merlerassen sowie weiße und gescheckte als prädisponiert für Hör- und Sehschäden auf. So sind auch erneute Untersuchungen eines seitens der Zuchtverbände präsentierten (vorselektierten?) Tierkontingents (Peyer, 1997) kaum geeignet, bisherige Erkenntnisse zu relativieren. In Rassen, die zudem Probleme mit dem „**Collie-Auge**“ (Collie eye anomaly, CEA) haben, kann dies zur Schadpotenzierung und zu ophthalmologisch verwirrenden Mischbildern führen (Rubin, 1989).

Eine seit Jahren erhobene Minimalforderung, zur Vermeidung schwerstdefekter homozygoter Nachkommen die **Heterozygoten-Paarung zu untersagen**, wird zwar jetzt von den meisten betroffenen Verbänden erfüllt, doch wäre es längst an der Zeit, den Merlefaktor komplett aus der Zucht zu nehmen bzw. durch andere, unverdächtigere Scheckungsgene zu ersetzen. Denn – wie schon ausführlich begründet – die Übergänge von Homo- zu Heterozygoten sind fließend, und es gibt keine Garantie dafür, daß nicht auch in „Standardtieren“ (oft okkulte) Sinnesschäden aufscheinen, was u. U. bedenkliche Auswirkungen auf ihr **Verhalten** haben kann (Wegner, 1997 b). Da auch **Hirnveränderungen** resultieren können (Wegner und Akcan, 1980), nimmt es ferner nicht wunder, daß gerade aus solchen Rassen über **stereoty-**

pes Kreisen und Schwanzjagen sowie über das „White dog shaker“-Syndrom berichtet wird (Blackshaw et al., 1994; Hadlow, 1997). **Gleichgewichtsstörungen** beim Merlesyndrom sind gleichfalls aktenkundig (Wegner und Reetz, 1977). Insgesamt läßt dies alles auch an die **Epilepsien** *Weißer Wiener-Kaninchen* denken, die trotz jahrelanger Selektion offenbar nie ganz herauszubringen sind (Hiltbrand, 1991), so daß auch hier auf bessere Pigmentierung geachtet werden sollte.

Bei *Dalmatinerhunden* und einigen anderen Rassen sind die Parallelen offensichtlich. Zwar verdankt der Dalmatiner seine Punktierung nicht dem Merlefaktor, doch häufen sich auch bei ihm Fälle von **Taubheit** und **Augenveränderungen** (Wegner, 1995 c, d). Aus einigen Populationen wird die Häufigkeit hörgeschädigter Tiere mit 5%, 19% oder gar 30% angegeben (Greibrokk, 1994; Turner, 1994), insbesondere, wenn man sie mit verfeinerter Diagnostik (Brainstem auditory evoked response-BAER) ermittelte (Strain et al., 1992). Auch hier wurden wieder **Korrelationen zwischen Grad der Depigmentierung und Ausmaß der Schädigung** gemeldet (Wegner, 1981; Famula et al., 1996), so daß die Hoffnung noch nicht aufgegeben werden muß, durch selektive Maßnahmen die Frequenz auf ein akzeptables Niveau zu senken, vor allem, wenn man endlich aufhört, „plattengescheckte“, d. h. besser pigmentierte Genotypen als „**Fehlfarben**“ zu töten, weil sich in der Tat die Prophezeiung, daß man ausgerechnet die erbgesünderen merzte (Wegner, 1981), nunmehr bestätigt (Wood et al., 1996). Hier wird somit auf warnende Stimmen seit $1^1/_2$ Jahrzehnten mit einer bornierten Kontraselektion reagiert.

Auch in Linien des weißen *Bullterriers* zeigten sich bereits diese verhängnisvollen Assoziationen zwischen Farblosigkeit und **Hörverlust** (Wegner, 1995 c); über ihn kamen sie zudem in den *Dogo Argentino*, von dem 30% der Welpen betroffen sein sollen (Sebek und Lindlar, 1997).

Obwohl audiometrische Reihenuntersuchungen noch ausstehen, scheinen „**Weiße Boxer**“ hingegen nicht hörgeschädigt zu sein, und es ist gesetzeswidrig, sie routinemäßig zu töten (Westergaard, 1991; Wegner, 1995 b, c; Klein, 1996).

Die dominant weiße Katze (W) ist zwar nicht gescheckt, doch weist die Varianz ihrer Irisfärbung (blau, „odd-eyed“-heterochromatisch, gelb-braun etc.) gleichfalls auf die schon diskutierten Unregelmäßigkeiten der Pigmentverteilung hin. Dies gilt auch für die oft einhergehenden Defekte: Ein (zu) hoher Prozentsatz beidseitig oder einseitig Tauber oder Schwerhöriger kommt bei weißen Perser- und Kurzhaarkatzen vor – das weiß man schon seit 100 Jahren. Aber erst 1992 fand sich ein Amtsveterinär und 1993 ein Amtsrichter in Kassel, der diesen zynischen züchterischen Verstoß gegen das Tierrecht auf Unversehrtheit nach § 11b Tierschutzgesetz ahndete – in der Tat das bisher einzige Wirksamwerden dieses vielfach mißachteten Paragraphen, (Wegner, 1994).

Da dies von grundsätzlicher Bedeutung war und zwischenzeitlich eine Lawine des Protestes – aber auch der Besinnung – unter Züchtern ausgelöst hat, sei das für dieses Urteil hilfreiche Gutachten in vollem Wortlaut wiedergegeben, dazu ein Urteilsbegründungsauszug [die dort zitierte Literatur findet sich bei Wegner (1995 c)].

„Schon Alexander und Tandler (1905) untersuchten das Phänomen der Taubheit

weißer Katzen an insgesamt 23 erwachsenen und 4 jungen tauben weißen Katzen, ihnen waren zudem bereits viele Berichte älterer Autoren zu diesem Defekt bekannt. Bei der Paarung eines normalen Katers mit einer tauben Kätzin erkannten die genannten Autoren bereits den dominanten Erbgang dieser Anomalie, da 50 Prozent der Nachkommen taub waren. Sie ermittelten pathologisch-anatomisch eine Unterentwicklung der Schneckengangsnerven im Innenohr sowie der gefäßversorgenden Schicht (Stria vascularis) und folgerten, die Taubheit dieser pigmentschwachen Katzen entspräche einem einheitlichen Bild. Auch Wolff (1942) untersuchte 3 Katzengenerationen, entstanden aus der Anpaarung einer tauben weißen Katze mit einem normalen Kater, und bestätigte den dominanten Erbgang der Taubheit, denn auch in der F_1*- und* F_2*-Generation traten wieder taube Nachkommen auf. Pathologisch-anatomisch objektivierte sie eine Nichtanlage des Cortischen Organs sowie der Reißnerschen Membran im Innenohr.*

Selbst Prof. Schwangart, der Nestor der Katzenzucht, beklagte schon 1928, daß 50 Prozent der blauäugigen weißen Katzen in der Regel taub seien.

Eine weitere Untersuchung von 4 tauben weißen Katzen, deren verwandtschaftliches Verhältnis Mutter-Tochter-Enkel war, lieferten Wilson und Kane (1959): Sie betonen die offensichtliche Dominanz von Taubheit mit Weiß, so daß alle Varianten des Befalls (links/rechts, beidseitig taub, mit blauer oder pigmentierter Iris) vorkamen. Sie konstatierten eine Degeneration des Schneckenganges im Innenohr.

Die umfangreichsten Ermittlungen stellte Mair (1973) in einer Kolonie von insgesamt 96 Katzen an, von denen 83 weiß und 13 pigmentiert waren; 45 davon zeugte ein hörgeschädigter weißer Kater (Romeo) mit 5 verschiedenen Katzen, teils normal, teils taub, eine war seine eigene Tochter. Die andere Hälfte des Tierkontingents entstammte den verschiedensten Herkünften. Aus seinen Ergebnissen folgerte der Untersucher, daß die Taubheitsfälle auf 86 Prozent ansteigen können, wenn einer oder beide Zuchtpartner taub sind, daß die Häufigkeit aber selbst in einer zufällig zusammengewürfelten Population weißer Katzen immer noch über 20 Prozent liege. Er stellte wiederum Cochlea-, Ganglien- und Stria-Degenerationen fest, sowie alle Varianten des Befalls.

In einer weiteren Untersuchung an 6 erwachsenen Katzen zeigten Thibos u. Mitarb. (1980) überdies, daß diesen Tieren das Tapetum lucidum fehlt, jene Netzhautzone im Auge, die Fleischfresser zum Dämmerungssehen befähigt. Was Ohr- und Augenschäden weißer Katzen angeht, besteht somit eine direkte Parallele zum Merlefaktor getigerter Hunderassen.

Schließlich zitiert Mendl (Cambridge) die Autoren Pond und Raleigh (1979), welche markante Auswirkungen der Taubheit weißer Katzen auf ihr Verhalten feststellten; dies sei durch die Aussagen vieler Züchter belegt, die solche Katzen als „geistig beschränkt“ und „langsam im Denken“ bezeichnen.

Der bekannte Katzengenetiker Roy Robinson (1987) zieht denn auch aus dem derzeitigen Erkenntnisstand den Schluß, daß das Gen W für Weiß unvollkommene Dominanz mit pleiotropem vitalitätsabträglichem Effekt zeige, der sich sogar auf die embryonale Mortalität auswirke.

Als kompetentes Fazit sei somit das Resümee von Delack (1984) wiedergegeben, dem ich mich voll anschließen möchte: Erbliche Taubheit ist im wesentlichen auf weiße Katzen beschränkt, in denen beide Merkmale, nämlich Weiß und Taubheit, das Resultat der dominanten Erbanlage W sind, die vollständige Penetranz (Durchschlagskraft) hinsichtlich des weißen Haarkleides hat, aber nur unvollständige Penetranz hinsichtlich der Innenohrdegeneration. Bei Homozygoten (reinerbig WW) ergebe sich zudem eine höhere Manifestationsrate als bei Heterozygoten (mischerbigen Ww). Die Mutation W verursacht außerdem verschiedenfarbige Augen (Heterochromie, „odd-eyed“), ebenfalls oft einhergehend mit Taubheit. Diese Effekte scheinen öfter in Langhaar- als in Kurzhaarkatzen vorzukommen, jedoch könne einseitige Taubheit mit gleicher Frequenz in Kurz- wie in Langhaarkatzen ermittelt werden. Bezüglich der Häufigkeit des

Gens W in Katzenbevölkerungen (Genfrequenz) sei ein Gleichgewicht entstanden, das durch die züchterische Favorisierung dieses Typs einerseits und durch den natürlichen Selektionsdruck auf taube und subvitale Genotypen andererseits zustande komme.

Auch einige seriöse Züchter gestehen diese Zusammenhänge ein und suchen nach Auswegen, so z. B. in „Katzen" 19, 1, 10–14 (1989), wo eine US-Studie an über 185 Katzen zitiert wird, welche die inkomplette Kopplung von Weiß und Taubheit bestätigt: 37 Prozent waren blauäugig und taub, 7 Prozent hatten orangefarbene Augen und waren trotzdem taub, der Rest war normal.

Auch Kania (1990) anerkennt, daß W oftmals mit Taubheit verbunden ist, und postuliert neue Zuchtansätze. Und in „Katzen extra" 6, 1992 gibt im übrigen der von der angeschuldigten Partei zitierte Herr R. Herrscher zu, daß bei blauäugigen Weißen die Zahl der Tauben immer noch zu hoch sei.

Andere Züchter räumen diese Zusammenhänge gleichfalls ein, scheuen sich jedoch nicht, Taubheit „als eine m. o. w. normale Begleiterscheinung der blauäugigen weißen Katze" zu bezeichnen, die „auf Ausstellungen ein Vorteil sei, denn taube Katzen sind ruhiger und lassen sich weniger verwirren (Smith, 1970), wenn man sie auf sich aufmerksam machen wolle, stampfe man einfach auf den Fußboden, da sie auf Vibrationen reagieren. Trotz mehr als 50 Generationen ehrlicher Versuche, diesen Defekt hinauszuzüchten, sei er heute so allgemein wie er immer war".

Die hier beschuldigte Frau H. hat in „Katzen extra", 4, 1993, selbst herausgestellt, daß sie zu einer Kategorie von Züchtern zählt, die es „rückgratlos" fänden, „sich dem Diktat einer Minderheit von Gesundheitsfanatikern zu beugen." Sie plädiert im selben Journal für „peke-faced", d. h. pekinesenköpfige Perserkatzen – mit allen einhergehenden Problemen. Der dort im selben Blatt unter der Rubrik „Vereinsgeflüster" publizierte Artikel über „Die Taubheit weißer Katzen" mit einem vorgestellten Zwischenergebnis von Züchterbefragungen hat keineswegs „Gültigkeit", sondern stellt eine Mißachtung der zuvor geschilderten Erkenntnisse dar; er dient eher der Vernebelung als der Wahrheitsfindung, ebenso unbedarfte Auslassungen in Boulevardblättchen wie „Ein Herz für Tiere" usw.

Zusammenfassend machen somit die wissenschaftlichen Untersuchungsergebnisse vieler Forscher und die Aussagen objektiver Züchter deutlich, daß bei der Zucht dominant weißer Katzen ein Verstoß gegen § 11 b Tierschutzgesetz vorliegt, da der Züchter damit rechnen muß, daß bei der Nachzucht aufgrund vererbter Merkmale Organe für den artgemäßen Gebrauch fehlen oder untauglich sind und hierdurch Leiden oder Schäden auftreten. Abhilfe kann daher nur die Aufgabe dieser Zucht bringen."

Das Amtsgericht Kassel kam somit zu folgendem Urteil: „Die Betroffene ist schuldig einer vorsätzlichen Qualzüchtung. Sie wird zur Zahlung einer Geldbuße von 500,– DM und in die Kosten des Verfahrens verurteilt. Angewendete Vorschriften: §§ 11 b, 18 Abs. 1 Ziff. 2 Tierschutzgesetz". In der ausführlichen Urteilsbegründung hieß es u. a.: „Am Vorsatz besteht kein Zweifel, § 11 b des Tierschutzgesetzes stellt lediglich auf die Gefahr ab, daß erbkranker Nachwuchs gezüchtet wird. Diese Gefahr hat die Betroffene ganz bewußt in Kauf genommen. Dies geschah nicht nur aus Liebhaberinteresse, sondern auch, um auf Ausstellungen prämiiert zu werden und … um Gildas zauberhafte Perserkatzen gewinnbringend veräußern zu können. Der Bußgeldrahmen des § 18 Abs. I Ziff. 2 TierschutzG reicht bis 50 000,– DM. Unter Berücksichtigung der wirtschaftlichen Verhältnisse der Betroffenen und in der Tatsache, daß sie in ihrer Fehleinstellung zu gesundem tierischem Leben beispielsweise durch die Prämierungsordnung des Bundes für Katzenschutz! und Katzenzucht bestärkt wird, war auf die Verhängung einer Geldbuße in Höhe von 500,– DM zu erkennen. Eine Bußgeldminderung über ein von Einsicht zeugendes Geständnis war nicht möglich. Die Betroffene findet es rückgratlos, wenn keine weiteren weißen Perserkatzen gezüchtet werden."

Natürlich fanden sich inzwischen Stimmen, u. a. vereinsverbundener Juristen, die dieses Urteil relativieren möchten (Manderscheid, 1994), ja auch aus England wurden Hilfstruppen rekrutiert, die das „Europäische Übereinkommen zum Schutz von Heimtieren" gleich ganz torpedieren wollen (Ward-Challoner, 1997). Es werden gar degoutante Vergleiche mit der Nazi-Gesetzgebung gezogen (Schmitter, 1995) und der „Kasseler Weiße-Katzen-Gutachter" und seine Bücher werden auf breiter Front diffamiert, wobei sich eine gewisse Frau Ortrun Wagner, ihres Zeichens „Katzen"-Redakteurin und Schlappohrkatzen-Züchterin, besonders hervortut (Wagner, 1996, 1997). Es gibt kein untrüglicheres Zeichen von erzielter Wirkung. Auch in der Schweiz sieht man inzwischen Handlungsbedarf (Stucki, 1998).

Im übrigen sei darauf verwiesen, daß man auch bei „Foreign White"-Katzen, die aus der Kreuzung von Siamesen mit weißen British Shorthair hervorgingen, das Risiko des Auftretens angezüchteter Taubheitsfälle eingeht (Thies, 1995; Maas; 1996; Wegner, 1996 b).

Auf die Skrupellosigkeit von Pelztierzüchtern, Defektmutanten zur Befriedigung von Farbvorlieben zu erzüchten, war schon hingewiesen worden. Die **Taubheit** der weißen *Hedlund-Nerze* ist seit mehr als einem halben Jahrhundert bekannt; heute hat man eine weitere Verwertungsquelle für sie aufgetan: die Verwendung von Nerzohren in der biomedizinischen (oder medizynischen?) Forschung (Stejskal und Aulerich, 1990).

Negative Auswirkungen der Scheckung oder Farbverblassung werden bei Pferden auch aus anderen Organsystemen registriert. So wird **Nachtblindheit** als Disposition der *Appaloosas* genannt (Witzel et al., 1977), da sie nicht nur mit auffälliger Scheckung, sondern auch auf depigmentierte Augen gezüchtet werden, womit eine Anfälligkeit für **Uveitis** ebenfalls zusammenhängen mag (Angelos et al., 1988). Eine Anfrage bei hiesigen Appaloosa-Nachzüchtern, ob sie – gerade angesichts des derzeitigen „Booms der Westernreiterei" (Anon., 1994 d) – Änderungen dieses verfehlten Rassestandards planten, blieb ohne Antwort. Es wird somit schon seinen Grund gehabt haben, weswegen erfahrene europäische Herdbuchzüchter grundsätzlich keine Schecken in ihre Zuchten aufnahmen (von Butler-Wemken, 1992; Sanchez Belda, 1995). Noch mehr dürfte diese Zurückhaltung auf den bei Homozygotie weit schwerwiegenderen Folgen der unvollkommenen dominanten **Overo-Scheckung** beruhen. Die weißen Fohlen sterben an einer **Darmlähmung** (Megakolon infolge Aganglionose; Vonderfecht et al., 1983; Hultgren, 1982). Vermeidbar wäre dies nur, wenn man diese „Paint- und Pinto"-Pferde nicht mehr miteinander paarte, was „eine fast nicht durchführbare Einschränkung der Zucht bedeuten würde" (Blendinger et al., 1994). Wieso?

Über solche an die Hirschsprung-Krankheit des Menschen erinnernden, an Farbverblassung gekoppelten neuralen Defizite am Magen-Darm-Trakt (Shah-Waardenburg-Syndrom, s. o.) (Edery et al., 1996) wurde analog auch bei Mäusen und Ratten (Gariepy et al., 1996; Kapur et al., 1996) und reinerbigen *grauen Karakuls* berichtet. Letztere gehen nach dem Absetzen an einer **Labmagen-Afunktion** ein, die auf ungenügender nervlicher Versorgung beruht (Groenewald, 1992; Groenewald und Both, 1992). Usbekische Schafzüchter berücksichtigen dies seit langem, indem sie graue Böcke nur auf schwarze Muttern setzen (Dospagambetov et al., 1990).

Partielle Darm-Hypoganglionosen wurden auch in „Weißlingen" („Chaplins") der **Kaninchen-Punktscheckenzucht** (Abb. 38) gefunden (Wessel, 1993), wenngleich als Auslöser ihres **Megakolonsyndroms** auch endokrine Konsequenzen der Dysmelanogenese in Frage kommen, da eingekreuzter Albinismus potenzierende Wirkung hat (Lienenkämper, 1997). Jedenfalls ist das „Kümmertum" dieser – infolge der bis heute praktizierten Heterozygo-

Abb. 38. Die 3 Genotypen der „Punktscheckung" bei Kaninchen (hier Englische Schecken): Nur die heterozygoten Schecken (Mitte) entsprechen dem Rassestandard. Farbige Tiere (oben) und homozygote Weißschecken oder „Chaplins" (unten) werden meist gemerzt.

ten-Paarung – permanent anfallenden Weißschecken (25% der Nachzucht) seit Jahrzehnten bekannt (Niehaus, 1952) und führt zu **tierschutzwidrigen Merzungsprozessen** (Hempel, 1992). Fruchten Abmahnungen (Wegner, 1997 c) hier nichts, muß solche Qualzüchter die volle Härte des § 11 b Tierschutzgesetz treffen.

Bei der großflächigen **Holländerscheckung** des Kaninchens sind es wiederum **Augenfehler** – helle, heterochromatische Augen, in Inzuchtlinien auch mit angeborenen Hornhauttrübungen –, die zusammen mit der unausweichlichen breiten Scheckungsvarianz (s. o.) „die Holländerzucht schwer" machen (Baier, 1969) und sogar schon zu dem Vorschlag führten, jene Genotypen als Modelle für entsprechende erbliche Augenerkrankungen des Menschen zu nutzen (Moore et al., 1987). Schließlich gibt es in dieser Art Pax-Missense-Mutanten, bei denen nur Augenveränderungen im Vordergrund stehen (Hughes et al., 1994, Azuma er al., 1996).

Ferner sind **Pigmentmängel** bekannt, die – sei es über Genkopplung, sei es über direkte Effekte auf Gonadenentwicklung bzw. Spermiogenese wie bei W-Mäusen (Sawada et al., 1991), **Sterilität** verursachen können. Das Gieren nach der modischen Pelznovität hat auch hier bei *Farmnerzen* und *Farmfüchsen* wieder Mutationen wie Heggedal-, Silberzobel- und Shadowfaktor gefördert, die **Hypogonadismus**, **Genitalmißbildungen** und **Sterilität** bei Reinerbigkeit verursachen. Aber auch beim weißen Fjällrind erkannte man erst spät solche Zusammenhänge (Übersicht bei Wegner, 1986). Bei der „**White heifer disease**" der geschimmelten *Shorthorns*, wo der inkomplett dominante „Roan"-Faktor (R) unklugerweise Basis des Rassestandards ist – und in allen Rassen, in die er eingekreuzt wurde (Charlier et al., 1996) –, spielen sie bis heute somit selbst bei Nutztieren eine nicht ganz verständliche Rolle (Mijten und de Kruif, 1990; deKruif, 1994).

Auch aus der Rassetaubenzucht sind einige Zeichnungsmuster bekannt, die ihre Existenz Defektgenen verdanken. So bewirkt ein als „**Dominant-Opal**" bezeichneter Erbfaktor bei heterozygoten Merkmalsträgern neben weißen Flügelbinden gleichzeitig eine **disperse Farbaufhellung** des Kleingefieders sowie das Ausbleichen von Schwung- und Steuerfedern. Homozygotie führt in der Regel zum Embryonaltod. Gelegentlich auftretende reinerbige „Durchbrenner" sind weitestgehend unpigmentiert und erreichen meist nicht die Geschlechtsreife (Vogel, 1992; Sell, 1994, 1995).

Analog dem Merlefaktor des Hundes führt der „**Almondfaktor**" der *Haustaube* bei heterozygoten Merkmalsträgern ebenfalls zu einer für viele Liebhaber attraktiven vielfarbigen **Sprenkelung**. Homozygote Almonds sind, sofern sie nicht bereits vor dem Schlupf absterben, hingegen nahezu reinweiß gefärbt und weisen ähnlich den „Weißtigern" in der Merle-Zucht multiple **Augenanomalien** wie Spaltbildungen des Augapfels, Pupillendeformationen und hochgradige Sehstörungen auf. In Kombination mit weiteren **Farbaufhellungsgenen** sollen sich auch bei heterozygoten Almonds die vitalitätsmindernden Auswirkungen des Defektgens auswirken. Auffällig sind nach Sell (1995) besonders die mehr oder weniger stark ausgeprägten **Koordinationsstörungen** solcher Tiere.

Als „**Berliner Kreuzung**" wird eine schwarzgefleckte Zuchtform des *Schwertträgers* (*Xiphophorus helleri*) bezeichnet, die als **Introgressionsba-**

stard aus der Verpaarung zwischen Schwertträger und *Platy* (*Xiphophorus maculatus*) und anschließender Verdrängungszucht auf den Schwertträger-Phänotyp hervorgegangen ist (Dzwillo, 1962; Pinter, 1983). Bei dieser Farbvariante treten sehr häufig bösartige **Geschwülste** (u. a. Melanome, Melanosarkome und Erythroblastome) an Flossen, Haut und inneren Organen auf, die nicht selten zum Tod der Fische führen. Offenbar kommt es als Folge der interspezifischen Bastardierung zu einer Störung des genetischen Gleichgewichts, wodurch die für eine Differenzierung der Farbzellen verantwortliche Gene enthemmt und aktiviert werden, gleichzeitig jedoch bestimmte Regulatorgene fehlen, die im genetisch intakten Organismus das Wachstum der Pigmentzellen kontrollieren (Anders 1968; Anders et al., 1973; Kirpicnikov, 1987).

5 Verhaltenshypertrophien und zentralnervöse Defekte

5.1 Verhaltenshypertrophien

Neben dem äußeren Erscheinungsbild ist mitunter auch das artspezifische Normalverhalten in vielfältiger Weise beeinflußt und durch einseitige züchterische Maßnahmen bis zur biologischen Funktionslosigkeit übertypisiert worden. Herre und Röhrs (1990) wiesen darauf hin, daß erbliche Abwandlungen angeborener Verhaltensweisen im Verlauf der „Haustierkarriere" einer Art in enger Beziehung zu den Veränderungen des zentralen Nervensystems und damit verbundenen Modulationen des Hormonhaushaltes zu sehen sind. Die Variabilität der Verhaltensweisen bei Haustieren erlaubt es demzufolge, auf bestimmte Verhaltensmerkmale zu selektionieren. Auf diese Weise gelingt es, Tiere zu züchten, die rassespezifisch ein bestimmtes Verhaltenselement gar nicht mehr bzw. nur noch stark abgeschwächt oder aber besonders ausgeprägt präsentieren und diese Teilpopulationen damit für einen festgelegten Nutzungszweck bzw. ein bestimmtes Haltungssystem züchterisch anzupassen. Andererseits sind die heutigen Haustiere nicht nur – mehr oder weniger gut – an bestimmte Haltungsbedingungen assimiliert, sondern schleppen in teilweise erstaunlich hohem Maße noch immer die Fähigkeiten und Bedürfnisse ihrer wilden Stammarten mit sich herum (Schüpbach, 1982), was häufig genug weder bei der Entwicklung von Haltungssystemen noch bei der Formulierung von Zuchtidealen bedacht wird. Dank einseitiger Auslese wurden vielfach Varianten erzüchtet, bei denen die Grenzen der Anpassungsfähigkeit weit überschritten und Verhaltensanomalien bzw. Verhaltensstörungen zum erklärten Zuchtziel, mit z. T. vielfältigen negativen, jedoch duldend in Kauf genommenen Begleiterscheinungen, definiert wurden.

Viele Vogelarten nehmen bei Erregung bzw. Beunruhigung eine charakteristische Körperhaltung ein. Sie machen sich „dünn", d. h., das Gefieder wird eng am Körper angelegt, die Vögel recken den Hals und sichern mit hoch erhobenem Kopf und gestreckten Intertarsalgelenken. Diese Stellung wird allerdings immer nur für einen kurzen Zeitraum eingenommen, um anschließend einer entspannteren Körperhaltung zu weichen. Bei Zuchtrassen verschiedener Vogelarten hat man die Einnahme der hochaufgerichteten Erregungshaltung zum Zuchtziel erklärt, durch konsequente Selektion offensichtlich auch erreicht und wie nicht anders zu erwarten in die entsprechenden Standardbeschreibungen aufgenommen.

So gelten *Laufenten*, die „Weinflaschen auf Beinen", in Züchterkreisen als „von Natur aus" scheu, leicht erregbar, sensibel und streßanfällig (Schmidt, 1996). Dies verwundert nicht, fordert man doch für diese Zuchtform gegenwärtig im Rassestandard explizit die Einnahme einer derart aufgerichteten Körperhaltung, daß die Augen fast senkrecht über den Zehenspitzen liegen. Dabei sollten die Tiere außerdem möglichst nur auf dem ersten Drittel der Zehen balancieren, um den typischen „Standadel“ zu präsentieren und damit ihrem Ruf als „Primaballerinas im Reich der Rasseenten“ gerecht zu werden. Gleichzeitig ist häufig zu beobachten, daß die Tiere ihren Hinterleib durch die Beine nach vorn schieben, um das Gleichgewicht zu halten. Weiterhin scheint die unphysiologische Stellung der Intertarsalgelenke schmerzhafte Schädigungen der Gelenkoberflächen zu fördern, da sich in Züchterkreisen die Klagen über Bewegungsstörungen bei dieser Zuchtform mehren. Auch bei Laufenten scheinen wie so oft die Probleme hauptsächlich im Rassewandel zu liegen, welchem diese Zuchtform in jüngerer Zeit unterworfen wurde. Laut Schmidt (1996) unterscheidet sich der gegenwärtige Laufententyp inzwischen beträchtlich von den auch unter der Bezeichnung „Pinguinenten“ bekannten früheren Zuchtrichtungen und spiegelt die enorme Weiterentwicklung in der Durchzüchtung dieser Entenrasse wider. Was allerdings angesichts des beeinträchtigten Normalverhaltens von Laufenten den züchterischen Fortschritt ausmacht, ist dem Außenstehenden bei einer objektiver Betrachtung nicht ohne weiteres zugänglich.

Auch bei einigen Haustaubenrassen ist die „Hab Acht“-Pose zur „normalen“ Körperhaltung umgemodelt worden. Die Körperhaltung *Englischer Kröpfer* beispielsweise wird im Rassestandard derart hochaufgerichtet gefordert, daß sich vom Auge zur Spitze der Mittelzehe eine senkrechte Linie ziehen ließe. Ermöglicht wird die Einnahme dieser unphysiologischen Positur vor allem durch eine **Überstreckung der Intertarsalgelenke**. In Kauf genommen werden daraus resultierende Bewegungsstörungen und Dispositionen für **degenerative Gelenkschädigungen**, insbesondere Usuren an den Gelenkknorpeln.

Positurkanarien wie *Bossu Belge*, *Gibber Italicus* und *Giboso Español* sollen neben der aufrechten Körperhaltung mit gestreckten Beinen außerdem den Hals weit nach vorne recken und mehr oder weniger ausgeprägt nach unten neigen, wodurch ein Gibber Italicus in „Paradestellung“ die Konturen einer „7“ zeigen muß, die Silhouetten von Bossu Belge und Giboso Espanol hingegen einer „1“ nahekommen sollen (s. Abb. 30).

Schicktanz (1987) konnte bei Untersuchungen am Gibber Italicus feststellen, daß bei dieser Rasse ein zusätzlicher Halswirbel und ein überzähliges Rippenpaar ausgebildet sowie Tibiotarsus und Tarsometatarsus signifikant verlängert sind. Stichprobenartig durchgeführte histologische Untersuchungen der Intertarsalgelenke jüngerer Tiere ergaben trotz der extremen Beinstreckung keine pathologischen Abweichungen an den Gelenkoberflächen. Inwieweit allerdings speziell bei Altvögeln eine Disposition für degenerative Gelenkschäden besteht, bleibt weiteren Langzeitbeobachtungen vorbehalten. Deutliche Auswirkungen hat die steile Körperstellung auf das Fortpflanzungsverhalten und damit die Befruchtungsrate. So wurde beim Gibber Italicus lediglich eine durchschnittliche Befruchtungsrate von 44,3% erzielt, während bei normalen Kontrolltieren 88,4% der Eier befruchtet waren. Die **schlechten Befruchtungsergebnisse** dieser Kanarienvogelrasse werden auf die rassetypischen, in der **leichten Erregbarkeit** begründeten Körperhaltungsanomalien zurückgeführt, die gleichfalls als Ursache für die beim Gibber Italicus auffallend häufig beobachteten **fehlgeschlagenen Paarungsversuche** eingeschätzt werden. Die Tiere sind offensichtlich nicht mehr ohne weiteres in der Lage, die zur erfolgreichen Kopulation notwendige artspezifische Begattungshaltung einzunehmen und dadurch in grundlegenden Verhaltensabläufen behindert (Schicktanz, 1987). Daher gelten die gebogenen Kanarienvogelrassen auch bei Züchtern als äußerst sensible Tiere, die bereits auf geringfügige Veränderungen im Zuchtraum empfindlich reagieren. Dem Bossu Belge sagt man außerdem eine außergewöhnliche Nervosität nach, die in **epilepsieähnlichen Anfällen** gipfeln kann (Claßen, 1986). Wie nicht anders zu erwarten, sollen davon gerade jene Exemplare betroffen sein, „... die ohne große Anstrengung arbeiten ...“, d. h. ihre gebuckelte „Idealhaltung“ einnehmen. Ein weiteres auffälliges Verhalten läßt sich auf Vogelausstellungen bei *Südholländer-* und *Gibber-Italicus-*Kanarien beobachten. Die Tiere umgreifen in **Erregungshaltung** nicht mit beiden Füßen fest die Sitzstange, sondern treten von einem Bein aufs andere oder krallen sich mit einem Fuß seitlich am Drahtgitter fest, offensichtlich, um auf diese Weise die gedehnten und dadurch **überanstrengten Intertarsalgelenke** zu entlasten.

Eine ungewöhnliche Verhaltensweise, deren Ursachen bisher noch einer wissenschaftlichen Bearbeitung harren, ist die „**Zitterhalsigkeit**“ verschiedener Haustaubenrassen, u. a. der *Amsterdamer Kröpfer*, *Pfautauben* und *Stargarder Zitterhälse.* Zitterhalsigkeit äußert sich in einem **ruckartigen Hin- und Herschwingen des Halses** bei gleichzeitig unnatürlich verlangsamten Körperbewegungen. Diese genetisch bisher nicht näher charakterisierte Lebensäußerung beeinträchtigt nach Vogel (1983) das Normalverhalten betroffener Tauben ganz erheblich. Zitterhalsige Tauben sollen nicht in der Lage sein, fließend ineinander übergehende Verhaltensabläufe durchzuführen, sondern bewegen sich unnatürlich und auffallend starr. Neben der Fortbewegung und dem Reaktionsvermögen auf Außenreize sollen die Vögel auch in weiteren Verhaltensabläufen merkliche Defizite aufweisen, weshalb solche Tiere bei einer Vergesellschaftung mit nicht beeinträchtigten Tauben als nicht konkurrenzfähig gelten (Engelmann, 1973; Vogel, 1992). Bei Pfautauben und Amsterdamer Kröpfern werden die negativen Auswirkungen der Zitterhalsigkeit in erregtem Zustand noch durch ihre abweichende Körperhaltung mit angehobener Brustpartie und weit nach hinten gebeugtem Kopf verstärkt. In „Paradestellung“ trippeln solche Tiere außerdem auf den Zehenspitzen und haben dadurch sowie aufgrund des verlagerten Körperschwerpunktes erhebliche **Gleichgewichtsstörungen**, die z. B. nicht selten zum Abstürzen von Sitzgelegenheiten führen.

Recht häufig sind außerdem Hypertrophien des Balzverhaltens das Ziel züchterischer Bemühungen gewesen. So findet sich beispielsweise die Verhaltensweise „**Kropfaufblasen**“ bereits im Repertoire der *Felsentaube*, wird hier jedoch ebenso wie bei den meisten Haustaubenrassen hauptsächlich von männlichen Tieren als **Balz- und Imponiergeste** gezeigt (Nicolai, 1976). Im Gegensatz dazu präsentieren sog. *Kropftauben* dieses Verhaltenselement infolge gezielter Zuchtwahl fast ständig, wobei insbesondere bei hochgezüchteten Rassen weibliche Tiere den Täubern inzwischen in dieser „Fähigkeit“ kaum noch nachstehen. Während des Blasens drohen Kröpfer auch nicht mehr kreisend und gebückt unter Darbietung ihrer Breitseite, sondern verharren mehr oder weniger starr in ihrer aufgerichteten Haltung (Abb. 39). Insbesondere unter den im Züchterjargon als „mit starkem Blaswerk“ ausgestatteten Formen führt die **permanente Überdehnung der Kropfwand** häufig zum sog. „**Hängekropf**“ (Abb. 40; Fischer, 1980; Hilger,

Abb. 39. Englischer Kröpfer in „Positur“.

Abb. 40. Norwich-Kröpfer mit erschlafftem Kropfsack.

1981), und es fehlt entsprechend nicht an „Kunstgriffen", dieses Problem aus der Welt zu schaffen (Koch, 1987a, b). Die Beeinträchtigung der normalen Kropfphysiologie wird dadurch allerdings nicht beseitigt. Durch **Fehlgärung**, **Säuerung** und **Fäulnisbildung** von in den erschlafften Kropfsäcken zurückgebliebenen Futterbestandteilen besteht eine Disposition zu **Kropfwandentzündungen**, die eine entsprechende veterinärmedizinische Behandlung erforderlich machen (Gerlach, 1994).

Die größte Rassengruppe innerhalb der Haustauben stellen gegenwärtig die „*Tümmler*" i. w. S. dar. Ehemals hauptsächlich für Flugwettbewerbe gezüchtet, sind heutzutage die meisten Rassen zu reinen Ausstellungstauben umgezüchtet worden, die ausschließlich nach ihrem Phänotyp bewertet werden. Bei einigen Varianten hat sich allerdings neben dem „Schautyp" der ursprüngliche „Flugtyp" als Sporttaube erhalten. Die Zuchtrichtungen bei solchen Flugtümmlern sind ausgesprochen heterogen. Hochflugtauben wie *Wiener Tümmler* sollen möglichst schnell große Flughöhen erreichen und sich geraume Zeit in diesen aufhalten. Offensichtlich hat man es jedoch versäumt, neben dem erwünschten Hochflugverhalten auch ein hinreichend ausgebildetes Orientierungsvermögen züchterisch zu manifestieren. Da die Tiere auf Störungen während des Fluges, z. B. Wetterwechsel oder das Auftauchen von Greifvögeln sehr sensibel reagieren, soll es relativ häufig zum Abdriften und **Verirren ganzer Schwärme** kommen, die ihren Heimatschlag nicht mehr wiederfinden. Bei sog. *Flugtipplern* wird hingegen weniger auf große Flughöhe, sondern hauptsächlich auf lange Flugdauer selektiert. Dabei sind bereits **Dauerflüge** von mehr als 20 Stunden gemessen worden. Besonders vielgestaltig präsentiert sich die Gruppe der sog. Kunst- oder Stilflugtauben. Vogel et al. (1992) unterscheiden aufgrund bestimmter Flugbesonderheiten *Purzel-*, *Roller-*, *Dreh-* und *Sturzflugtauben*, die durch ihre eigentümlichen, z. T. **rassespezifischen Flugstile** charakterisiert sind. Sowohl zwischen den einzelnen Gruppen als auch innerhalb der jeweiligen Rassen existieren große Unterschiede in Durchführung und Intensität der verschiedenen Flugkunststücke. Das Spektrum reicht dabei von Tieren, die die jeweilige Rasseeigenschaft nur angedeutet zeigen, bis zu Tauben mit **übertypisierten Flugverhaltensweisen**. Lorenz (1940) vermutet, daß diese Bewegungsabläufe auf eine Instinkthandlung zurückgehen, die als Ausweichmanöver auf eine von oben erfolgende Greifvogelattacke bei fast allen flugfähigen Vögeln vorhanden ist. Nach Nicolai (1976) hingegen lassen sich die verschiedenen Flugvarianten von Elementen des **Balz- und Imponierfluges** der Felsentaube ableiten, die jedoch bei den Rassetauben bis zur Unkenntlichkeit abgeändert sein können.

Als eine **Entartung der Gleitphase des Imponierfluges** wird beispielsweise das sog. **Flugrollen** interpretiert. Rollertauben steigen zunächst im normalen Truppflug auf. Einzelne Tiere richten sich dann jedoch spontan während der Horizontalflugphase abrupt mit einem gegen die Flugrichtung geführten Flügelschlag mit rückwärts gebeugtem Kopf und aufgestelltem Schwanzgefieder aus der normalen Fluglage auf. Dadurch überschlagen sich die Tauben in Folge, wobei eine Rollserie mehr als 20 Salti umfassen kann und die Tiere bis zu 50 m an Flughöhe verlieren (Engelmann, 1984). Entrikin und Erway (1972) vermuten als genetische Grundlage für das Flugrollen ein autosomal-rezessives Gen, dessen Expressivität durch modifizierende Gene in vielfältiger Weise beeinflußt werden kann. Diese komplexen Vererbungsgänge erklären die unterschiedlichen Abwandlungen und Ausprägungen dieses anomalen Flugverhaltens. In der Regel sollen Flugroller ihre Abstürze noch kontrollieren können. Insbesondere bei hochgezüchteten Rollertauben wird jedoch immer wieder von „**Todesrollern**" berichtet. Solche Tauben gehen bereits bei geringen Flughöhen in heftigen Rollerflug über und kollidieren dann mit Hinternissen oder schlagen auf Hausdächer auf.

Als Endprodukt einer **konsequenten Negativselektion** auf übersteigertes Flugrollen gelang es, aus Rollertauben Varietäten zu erzüchten, die ihr Flugvermögen fast völlig eingebüßt haben. Diese als *Bodenpurzler* bezeichneten Tauben fliegen bei Beunruhigung nicht mehr auf, sondern führen nur noch **Rückwärtsüberschläge** aus, an denen sich ihre Liebhaber ergötzen und deren „Eleganz" auf Wettbewerben, denen ein ausgeklügeltes Training vorausgegangen ist, von „geschulten" Wertungsrichtern benotet wird (Degel, 1982). Den Gipfel dieser **pervertierten Zuchtrichtung** stellen zweifellos die „*Bodenroller*" dar, die mehr als 200 Überschläge in Folge durchführen können und dabei erhebliche Strecken über den Untergrund wirbelnd zurücklegen können (Vogel, 1992). Im Rahmen der Meisterschaft des Deutschen Bodenpurzler-Clubs brachte es der Champion des Jahres 1995 dabei immerhin auf stolze 34,30 m (Zitterbart, 1996).

5.2 Hyperaggressivität

Die Ausprägung von „**Wesens- oder Charaktereigenschaften**" bei Mensch und Tier war schon immer Zankapfel von Ethologen, „Behavioristen" einerseits und Genetikern andererseits: die leidige „**Nature or nurture**?" (Erbe oder Umwelt)-Debatte. Natürlich ist es Unsinn, „Kriminalität" per se, die Disposition zu Arbeitslosigkeit oder die Dauer des täglichen TV-Konsums als primär genetisch fixiert zu bezeichnen, doch zeugt es auch nicht von Seriosität, etwa aus einem Übermaß an „political correctness" erbliche (und somit auch rassische) Effekte auf Verhaltensmuster ganz zu leugnen. Niemand wird die starken **Genotyp-Umwelt-Interaktionen** bei so komplexen Merkmalen wie „Intelligenz" oder „Aggressionspotential" und die Schwierigkeit ihrer Objektivierung negieren (Mann, 1994). Doch kann man z. B. nicht jahrzehnte- oder gar jahrhundertelang *Hunde* auf größtmögliche Schmerzunempfindlichkeit, wehrhaftes Draufgängertum und Nichtbeachtung gegnerischer Unterwerfungsgesten züchten und das Bissig-Image dieser Rassen werbewirksam in gut verkäuflichen Büchern – etwa aus dem Kynos-Verlag (Fleig, 1981, 1983, 1985) – pflegen, um sich dann mit der Aussage ins Fernsehen zu stellen, diese Hunde wären nicht anders als andere Hunde auch.

Insbesondere deutlich jenseits der Norm liegende Auffälligkeiten in Temperament, Aggressivität etc. sind nicht selten stark genetisch geprägt. Dies ist für Menschen von einigen **Chromosomenaberrationen** und **Stoffwechselstörungen** bekannt, jedoch auch für Mäuse. Dabei sind heterosomal gesteuerte Testosteronspiegel sowie Neurotransmitter nebst Hirnstrukturen und

Opioide tangiert (Chen et al., 1994; Maxson, 1996; Drevets et al., 1997), was überdies nicht ohne Konsequenzen für die Reaktion auf Schmerz ist (König et al., 1996). Doch auch generell wurde für die breite Palette agonistischen Verhaltens wie etwa Dominanz u. a. in vielen Arten ein **Erblichkeitsgrad** geschätzt, der signifikant von Null verschieden ist (Plomin, 1990; Getty und Capaldi, 1994). Überdies werden die im Stande der Domestikation erfolgten Reduktionen scheuen, „wilden" Verhaltens primär **genetisch-evolutionär** bedingt sein, was sich etwa in Hirngrößenabnahmen niederschlagen mag (Apfelbach, 1996). Dabei wird allerdings zu wenig berücksichtigt, daß schon bei der Haustierwerdung, d. h. in den ersten Phasen der Gefangenschaftszucht, Vorselektionen stattgefunden haben. Man wird die „zahmsten", für den Haustierstand prädestiniertesten Varianten – oftmals „Kulturfolger" – selektioniert haben. Vergleichbares spielt sich heutzutage wieder bei der Käfigung und Zucht von *Füchsen* und *Nerzen* ab (Kaleta und Lewandowska, 1978; Trapezov et al., 1987). Dagegen wird die Verhaltensselektion in extensiv gehaltenen Tierarten, z. B. Schafen, eher eine natürliche gewesen sein (Simm et al., 1996), und Hirnvergleiche mit Wildformen wurden hier nie groß publiziert. Dennoch wird auch hier jetzt begriffen, wie nützlich für Mensch und Tier eine durchaus machbare Zuchtwahl auf umgängliches „**Temperament**" bei *Fleischrindern* auf der Weide sein kann (Burrow, 1997).

In diesen Zusammenhang gehört das ständige Bemühen, „**hyperaggressive**", an „intensive", z. T. tierschutzwidrige Haltungsformen „unangepaßte" Genotypen, z. B. bei *Geflügel* und *Schwein*, von der Zucht auszuschließen (Steen et al., 1988; Craig und Muir, 1993, 1996). Denn Auswüchse einer industriellen Tierproduktion werden, wenn überhaupt, dann eher halbherzig bekämpft; vielmehr versucht man, den Tieren ein genetisches „Design" zu verpassen, das sie auch noch die größten Widernatürlichkeiten klaglos ertragen läßt.

So verwundert es nicht, daß die auf *Kampfhühnern (*Cornish*)*, jenen als Surrogat von sado-masochistisch verbogenen Gemütern erzüchteten und mißbrauchten Kreaturen (Ulrichs, 1996), basierenden Broiler mehr zum **Kannibalismus** neigen, wenn man sie zu eng käfigt, was allerdings auch mit ihrem immensen Freßtrieb zusammenhängen mag (Adret-Hausberger und Cumming, 1989; Rusche, 1995). Während man also bei Nutztieren im allgemeinen den Weg beschritt, „troublemakers" frühzeitig zu eliminieren (Savory, 1995), selektierte man bei Kampfhunden eher in die andere Richtung. Bei spanischen *Kampfstieren* wird gar nach genetischen Markern und besseren „Trainingsmethoden" gesucht, die ihnen eine bessere „Streßadaptation" bei Kämpfen ermöglichten (Osta et al, 1994; Acena et al., 1995), anstatt diese sadistischen Tierquälereien ganz abzuschaffen.

*Was die „**Kampfhunde**"-Problematik angeht, so hielt einer der Autoren vor Jahresfrist einen einschlägigen Vortrag vor Tierärzten in Bad Langensalza, der, weil immer noch aktuell, hier auszugsweise wiedergegeben sei und sich primär mit der „Genetik" der Kampfhunde, aber auch mit der Genese des Kampfhundeproblems befaßt:*

Man könnte sich eine Abhandlung über die Genetik der „Kampfhunde" leicht machen, indem man einfach den Phänotyp und die Rassestandards der „Kampfhunderassen" interpretierte. Denn Rassen bei unseren Haustieren sind ja Reinzuchtpopulationen, die über Jahrzehnte oder gar Jahrhunderte auf ein bestimmtes Zuchtziel hin gezüchtet wurden – die sog. Kampfhunderassen doch offenbar auf besonderen Kampfesmut, ausgeprägte Kampfeswut. „Moderne Kampfhunderassen“ gibt es ja offenkundig, denn unter dieser Überschrift sind sie aufgezählt in den Werken von Fleig (1981, 1983, 1985), die, und zwar völlig ohne Anführungsstriche, das Kämpferisch-Respektgebietende dieser Rassen glorifizieren und sie blutrünstig und reich bebildert darstellen. Auch der Nestor der Kynologie und langjährige FCI-Standardkommissionsvorsitzende und insofern Mitverantwortliche für verfehlte Rassestandards, Dr. h. c. Räber, schreibt in seiner Enzyklopädie von Rassen im Kampfhundtyp – ohne alle Gänsefüßchen. Die Fleigschen Auslassungen wurden bis vor kurzem „unter dem Patronat des VDH“ vertrieben und fanden offenbar die Zustimmung dieses größten deutschen Hundezuchtverbandes.

Doch in den letzten Jahren ergab sich ein Wandel, denn zu den Kampfhunden ohne Gänsefüßchen traten solche mit solchen. Es entstand ein sog. Kampfhundproblem, das offensichtlich weniger ein kynologisches als vielmehr ein soziologisches ist. Der VDH erklärte den Begriff „Kampfhund“ zum „Unwort des Jahres“, bezeichnete ihn als „medienwirksame Erfindung“. Schweizer Kynologen hauen in dieselbe Kerbe („Den Kampfhund als solchen gibt es nicht“), und Gert Haucke spricht von der „Kampfhundlüge“. Soweit also zur Schizophrenie und zur Mitschuld der Szene am Gesamtproblem. Mit einem Wort, wer über die Genetik der Kampfhunde referieren und sich nicht der Feigheit vorm Feind schuldig machen will, muß auch etwas über die Genese der Kampfhundeproblematik sagen.

Zunächst zur **Genetik***: Es ist zweifelsfrei, daß sowohl auf körperliche wie auch auf Wesensmerkmale selektiert werden kann – und dies nicht nur beim Hund. Das wird schon durch die Existenz von diesbezüglich stark unterschiedlichen und deswegen für diverse Verwendungszwecke unterschiedlich geeigneten Hunderassen belegt, ferner durch vergleichende Rassestatistiken und durch Heritabilitätsschätzungen. Wenn man für solche* h^2*-Schätzungen von einer Mischpopulation sehr verschiedener Rassen ausgeht, wie z. B. in den schon fast klassischen Untersuchungen von Scott und Fuller (1965), so kommt man prompt zu mittleren bis hohen Erblichkeitsgraden (27–44%) für Eigenschaften wie Temperament, Dominanz- und Orientierungsverhalten, Bellgewohnheiten und Rauflust. Berechnet man solche Schätzwerte dagegen innerhalb der Rassen, gelangt man zu wesentlich niedrigeren Zahlen (Wegner, 1995 c), da ja massive Vorselektionen stattfinden, d. h. viele Tiere, die nicht dem Zuchtziel entsprechen, vor der Fortpflanzung aussortiert werden; hin und wieder auch solche mit schweren Wesensfehlern, obwohl dies ein relativer Begriff ist. Denn was in der einen Rasse ein Fehler, ist in der anderen ein Vorzug. Das vorhin schon erwähnte Fleigsche Konglomerat „Moderner Kampfhunderassen“ umfaßt Mastiff und Mastinos, Doggen wie Bulldoggen und Deutsche Doggen sowie Bull-, Pitbull- und Staffordshire-Terrier, aber auch den Boxer und sonstige Kampfhunderassen, darunter den Mops.*

Was macht nun das Gemeinsame dieser Rassen aus? Allenfalls eine grobe Zweiteilung läßt sich vornehmen: auf der einen Seite die Doggenartigen, denen man gigantomanisches Styling, eine imponierende Körpergröße mit massigen Köpfen, aber verbunden mit eher phlegmatischem Gemüt anzüchtete – und den Bullies zusätzlich das böse wirkende, zähnezeigende Hechtgebiß (die Prognathia inferior bzw. Retrognathia superior) – und auf der anderen Seite die Terrierartigen mit sehr funktioneller Kopf- und Gebißform sowie besonderer Veranlagung zu Raubzeugschärfe und schneidigem Draufgängertum. In der Mitte schließlich die Bullterrier, in denen man beide Richtungen zu amalgamieren versuchte. Vom Wesen her nimmt auch der Fila brasileiro eine Zwischenposition ein, denn hier hatte man schon früh das sträfliche Bestreben, übergroßes „Mißtrauen gegenüber Fremden“, eine herabgesetzte Reizschwelle und Beißhemmung mit dem Doggenhabitus zu verbinden. Sogar die Tatsache, daß es den Richtern auf Ausstellungen Schwierigkeiten bereitete, dieser Rasse nahezukommen, ohne gebissen zu werden, sollte nicht als Fehler, sondern geradezu als Rassemerkmal gewertet werden. Sicher, Ausstellungsrichter wurden auch schon von Rottweilern u. a. gebissen, aber daß man diese Option in einem Rassestandard fixierte, war schon beachtenswert. Es fällt auf, daß gewisse Charakterisierungen in allen Rassebeschreibungen dieser Gruppe konstant vorkommen. Da ist die Rede von Kampfeslust, Schärfe, Mißtrauen, Unerschrockenheit, Verteidigungsbereitschaft, Kraft und Energie, schneidigem Zupacken und Angriff, furchterregender, ungewöhnlicher Stärke, Angriffslust, energischem Zupacken, Mut, Furchtlosigkeit etc. – aber sonst sind es alles liebe Tiere, bei fester Lenkung durch eine Führerpersönlichkeit, versteht sich. In der Tat kamen diese Eigenschaften ihrem ehemaligen Verwendungszweck entgegen. Die römischen, assyrischen und anderen Kampf- oder Schlachthunde folgten dem Krieger in die Schlacht oder kämpften mit Gladiatoren oder Kriegsgefangenen in der Arena; die Doggenartigen wurden zudem als Saupacker und Bärenbeißer und der Terrier für die Bodenjagd auf wehrhaftes Wild eingesetzt; die meisten von ihnen eben auch als Hüter von Hof, Haus und Herde; Kreuzungen beider halt auch im Rahmen perverser Kampf- und Wettveranstaltungen, vor allem in angelsächsischen Ländern.

Mut, Härte, Kampftrieb – das sind doch Selektionsmerkmale, wie sie auch bei den sog. Schutzhunderassen an vorderster Stelle stehen, z. B. bei Rottweilern und Schäferhunden. Wenn dies Kriterien sind, die alle diese Rassen anfällig machen zu Beißunfällen, so müßten doch auch die wesentlich stärker verbreiteten Schutzhundrassen diesbezüglich viel öfter auffällig werden. In der Tat, bei nüchterner Betrachtung entsprechender Meldungen tun sie das auch in Ländern mit entsprechender Zusammensetzung der Hundepopulation (Thomas und Buntine, 1987), was die absolute Zahl der Zwischenfälle angeht. Aber das ist eine statistische Zwangsläufigkeit und noch keine Rassedisposition. Je häufiger eine Rasse ist, desto größer ist die Wahrscheinlichkeit, daß man ihr in Beiß- und Unfallstatistiken begegnet.

Erst wenn eine Rasse überproportional vertreten ist, d. h., gemessen an ihrer Häufigkeit in der Einzugsbevölkerung überrepräsentiert ist, muß man aufhorchen. Hier zeigen leider die Verhältnisse in den USA, daß im letzten Jahrzehnt speziell American Staffordshire und Pitbull Terrier vermehrt auffielen, insbesondere was schwerwiegende Verletzungen oder gar Tötungen von Menschen angeht (Clifford et al., 1990; Mason, 1991). Das ist ein wichtiger, noch zu diskutierender Gesichtspunkt, denn was den relativen Beitrag zu aggressionsgeprägten Verhaltensauffälligkeiten oder Beißunfällen betrifft, so stehen auch in diesem Land natürlich die meistgehaltenen Rassen im Vordergrund, z. B. Spaniels und Deutsche Schäferhunde, die hier ebenfalls einen oberen Listenplatz in der Statistik einnehmen (Landsberg, 1991, zit. n. Rowan, 1986). Allerdings waren einige Spanielschläge, u. a. Springer Spaniel, jüngst auch Golden Retriever, z. T. übervertreten, und tatsächlich spricht man ja schon länger vom „Cocker-Rage-Syndrom", der Spanielwut, die sich vorzugsweise gegen Familienmitglieder richtet. Dennoch: Der Workshop „Dog aggression and the Pit Bull Terrier" im Tufts Animal Center (1986) stellte heraus, daß, wenn diese Hunde angriffen, das Resultat oft schwere Traumatisierung oder gar Tötung war, öfter als bei anderen Rassen. Dabei ist zu beachten, daß in den meisten dieser Statistiken keine Unterscheidungen zwischen Pitbulls, Bullterriern oder Staffordshires gemacht werden – und in der Tat sind die Unterschiede nicht groß. Alle diese Rassen sind Kunstprodukte auf der Basis der Bastardierung von Doggen- und Terrierlinien. Hier zielte man züchterisch darauf ab, das stoische, oft schmerzunempfindlich reagierende Wesen der Doggenartigen mit der draufgängerischen Verbissenheit, dem Nichtauslassen-Wollen der Terrierartigen zu einer brisanten Mischung zu verbinden.

„Ein solcher Hund ist designed für harte, lange Kämpfe und läßt oft erst aus, wenn er tot ist" (Bryant, 1993), er kommt in eine „Rotphase", wie Herr Fleig so werbewirksam in seinen Hochglanz-Kynos-Büchern schreibt – man könne die Hunde nur trennen, indem man ihnen „die Luft abstelle", d. h. den Hals zudrückt. Nachdem dann er, VDH- und andere Züchter kräftig weiter dieses Kampfhundimage poliert und die Wel-

penpreise in die Höhe getrieben hatten, nachdem sich prompt dubiose und offen kriminelle Kreise dieser Hunde bemächtigten (Weisse, 1990) und die ersten schlimmen Zwischenfälle passierten, da stellte dann derselbe Mann in aller Betroffenheit in den Medien fest, daß diese Hunde doch „genauso wären wie alle anderen". Die Genese der „Kampfhunde"-Problematik hat mehr mit der Genetik des Menschen zu tun hat als mit der des Hundes. Immer schon formte der Mensch seine Haustiere nach seinen Wunschvorstellungen, und immer schon gab es eine sadistisch-kriminelle Minderheit, die die aus ihrer Sicht bestgeeigneten Hundetypen zum Kampf Hund gegen Hund, Hund gegen Bullen, Bären, Schweine oder gar Menschen erstellte und zu diesen Zwecken und zur Frönung ihres Wett- und Spielertriebes mißbrauchte.

Hundekämpfe stehen heute auch in den meisten englischsprachigen Ländern unter Strafe, und es gibt Bestrebungen, über eine Novellierung des § 11b Tierschutzgesetz auch die Zucht auf Defektverhalten strafbar zu machen.

Große, wehrhafte Hunde und eben auch „Kampfhunde" gelangen in die Hände von Leuten, die zu ihrer Sozialisierung nicht gewillt oder geeignet sind; es entsteht ein boomender Markt, auf dem skrupellose Tiervermehrer und -händler ihre Ware feilbieten – ein meist in Massenzuchten vorgeschädigtes, sozial depriviertes Tiermaterial (Feddersen-Petersen, 1991). Das bringt dann eine Potenzierung der Gefahren, und in dem vielleicht löblichen Bestreben, solchen Mißständen entgegenzuwirken, betreibt dann die „Yellow Press" durch unausgewogene Berichterstattung, durch besondere Herausstellung von Zwischenfällen mit „Kampfhunden" de facto eine Negativwerbung, die die genannten Kreise magisch inspiriert (Anon., 1986). Erreicht wird somit das Gegenteil und die Nachfrage angeheizt. Wenn z. B. in den USA solche schwer verhaltensgestörten Tiere nach tödlichen Beißunfällen in Tierheimen kaserniert waren, so meldeten sich prompt zahlreiche Personen, die diese Hunde unbedingt erwerben wollten (Rowan, 1986). Durch Jagd nach Sensationen verzerrte Bißmeldungen zeichnen sich auch ganz klar bei uns ab: So ergab eine Analyse von 29 in zwei überregional berichtenden Zeitungen (Hannoversche Allgemeine Zeitung und Celler Zeitung) gemeldeten Beißunfällen im Zeitraum 1989–1996, daß 22 (75,9%) davon durch „Kampfhunde" verursacht wurden, aber nur 7 von anderen Hunden. Bei näherer Betrachtung wird jedoch deutlich, daß bei „Kampfhunden" den Reportern offenbar alles und jedes meldenswert war, auch wenn die Verletzungen nur leicht waren oder „nur" Rinder und Pferde als Beißopfer figurierten. Waren Schäferhunde, Rottweiler, Boxer etc. involviert, so kamen nur tödliche oder schwere Verletzungen des Menschen zur Meldung.

Was ist zu tun, um im Sinne des Tierschutzes unter den diskutierten Aspekten dem Phänomen entgegenzuwirken, daß eine wachsende Zahl vorgeblich oder tatsächlich „bösartiger" Hunde eingeschläfert wird und unter dem Eindruck der geschilderten Fehlentwicklung eine steigende Hundefeindlichkeit in der Öffentlichkeit zu beobachten ist? Tierschutzgerechtheit in Zucht und Haltung und Sozialverträglichkeit der Zuchtprodukte, Ausrichtung erzüchteter Kontingente nach dem tatsächlichen Bedarf und nicht nach „modischen" Trends von Angebot und Nachfrage – das sind Forderungen mit höchster Priorität. Nur durch Füllung einer eklatanten Gesetzeslücke in diesem Lande, nämlich durch Verabschiedung eines Heimtierzuchtgesetzes, wäre eine breite Palette von Mißständen in der Zucht, Aufzucht und Haltung von Heimtieren zu lösen. In der Tat könnte es ein erster Fortschritt sein, wenn eine Neuformulierung, vor allem aber eine konsequente Anwendung des § 11 Tierschutzgesetz, uneinsichtige Züchter, eine strikte Durchsetzung ordnungsrechtlicher Maßnahmen inkompetente Halter und Händler das Fürchten lehrte. Denn hier ist doch nicht so sehr ein Defizit in der Legislative, sondern ein Manko in Exekutive und Jurisdiktion zu beklagen. Wenn hierzulande Veterinärbehörden und Staatsanwälte weisungsgebunden sind, so sind es doch die zuständigen Justizminister, die Verantwortung tragen. Die Stoßrichtung geht doch nicht in Richtung Tier, um dann vielleicht in unsinnigen Rassenverboten zu gipfeln, sondern sie zielt auf uneinsichtige Züchter und Halter, denen das Handwerk zu legen ist. Amts-

veterinäre müßten künftig auch mehr auf Qual- und Defektzuchten und schädigende Haltungsformen achten, und die Justiz muß die gar nicht so schlechten Gesetze endlich zum Tragen bringen! Es ist doch ein Skandal, daß der § 11b in den zehn Jahren seines Bestehens erst einmal angewandt wurde (Wegner, 1995 a). Wissenschaftler können nur forschen, publizieren und monieren – und das auch öffentlich oder gutachtlich in Gerichtsverfahren.

Jüngste Diskussionsbeiträge zu diesem Thema (Wegner, 1997 a) unterstreichen diese Situation: Es wird von der einen Seite immer noch bagatellisierend von der „**Kampfhundlüge**" gesprochen (Fleig, 1997), während behördlicherseits quasi „Rassenverbote" durch **exorbitante Steuererhöhungen** praktiziert werden (Anon., 1997). Nicht das Tier, sondern der Mensch in seinem Fehlverhalten als Züchter und Halter muß Adressat restriktiver Maßnahmen sein. So ist es zu begrüßen, daß das novellierte Tierschutzgesetz nunmehr explizit die Selektion auf Hyperaggressivität und Verhaltensstörungen verbietet.

Züchterische Ambitionen, gepaart mit fragwürdigem Sportsgeist und ausgeprägter Wettleidenschaft, haben weltweit auch bei anderen Haustierarten **hyperaggressive Zuchtformen** geschaffen. Neben den bekannten Kampfhühnern bedient man sich zur „Belustigung" auch besonders streitbarer Schaf-, Rinder- und Gänserassen sowie sog. *Kampffische.* Bei letzteren handelt es sich um besonders angriffslustige Zuchtlinien des *Siamesischen Kampffisches* (*Betta splendens*), die sowohl Artgenossen als auch andere Fische einschließlich potentieller Freßfeinde blindlings attackieren und daher in freier Wildbahn keine Überlebenschance haben. In ihren südostasiatischen Heimatländern werden diese laut Vierke (1986) in Thailand als „Kinder des Topfes" bezeichneten Kampffische zu Schaukämpfen mit zum Teil beträchtlichen Wetteinsätzen verwendet, eine unter Tierschutzaspekten zweifellos abzulehnende Freizeitbeschäftigung.

5.3 Zentralnervöse Ausfallserscheinungen

Ähnlich einigen Hysterien und anderen Verhaltensabnormitäten des Menschen treten spontane Krämpfe z. B. kennzeichnenderweise mehr bei solchen Hunderassen auf, die mit einer vollkommenen Anpassung an ihren Besitzertyp zugleich einer fast totalen Entfremdung natürlicher Lebensweisen anheimfielen, z. B. Pudeln (Wegner, 1995 c). Sie seien „für ein Zusammenleben in Gruppen so überfordert, daß Verhaltensstörungen resultieren" (Feddersen-Petersen, 1994). Auch die Untersuchungen von Hart und Hart (1997) untermauern die altbekannte Tatsache, daß kleine Rassen dieser Art, insbesondere auch terrierartige, sehr viel erregbarer, aggressiver, bellfreudiger und ungehorsamer reagieren als große – was auch gerade im Zusammenhang mit den im vorigen Kapitel referierten Aussagen relevant ist. **Verzwergte Hündchen** wie *Toy-Spaniels* etc. mit ihren schon geschilderten Tendenzen zu Problemen mit Lückenschädeln, Mißbildungen des Hinterhauptloches und Hirnanomalien fallen öfter mit **Stereotypien** („Fliegenfangen", Kratzzwang u. a.) auf, die sie genauso stören wie ihre Besitzer

(Lane und Holmes, 1972; Rusbridge, 1997). „Kompulsiv-obsessive" **Verhaltensstereotypien**, die z. B. Leckgranulome induzieren, werden dagegen mehr von größeren Rassen gemeldet, hier aber vor allem beim durch pinscherartiges Temperament und herabgesetzte Reizschwelle auffallenden *Dobermann* (Wegner, 1995 c; Mertens, 1996; Verhoeven, 1996). Ähnliches wird auch von der lebhaften *Siamkatze* berichtet (Reissner, 1991). Dies zeigt, wie wichtig Wesensprüfungen bei Zuchttieren sind.

Vorprogrammierte **Fehlverhaltensweisen** oder „Geistesgestörtheiten" sind besonders dort von beträchtlicher Konsequenz, wo es um die Einfügung des einzelnen in größere Verbände, oder auch – auf dem Nutztiersektor – in zu große und auf zu engem Raum eingepferchte Massengemeinschaften geht. Dies nimmt extreme Formen bei der „Intensivhaltung" des *Geflügels* an (Bessei, 1983). Von „Leiden, Schmerzen oder Schäden" bei den so gestreßten und frustrierten Tieren wird man auch dann schon sprechen können, wenn keine unmittelbar sichtbaren Organschäden resultieren (Löliger, 1985). Tierschützer, die hier Verbesserungen anstreben – und von denen einige sicher zu sentimental-vermenschlichenden Überreaktionen neigen – werden von der Gegenpartei oft als Fanatiker verteufelt, doch haben andererseits manche Tierproduzenten in Wissenschaft und Praxis der Standespolitik und Karriere oder dem Rentabilitätsdenken offenbar die letzten Skrupel geopfert.

Gruppenhysterien, durch scheinbar nichtige Anlässe ausgelöst und zu wilden Angstreaktionen mit Übereinanderfliegen und Erdrücken starker Kontingente in Raumecken führend – mehr noch durch ständige Übererregung bei Hennen leistungsmindernd wirkend –, spielen bei diesen Haltungsverfahren eine verlustreiche Rolle (Prip, 1975). Obschon das eigentlich abnorme Gebaren mehr auf der Seite des Tierbesitzers liegt, der diese Haustiere in einer Weise hält, die ihnen keine Fluchtdistanz zu Fremden und Artgenossen und keine Abwicklung angeborener, natürlicher Verhaltensmuster mehr einräumt (Brackmann, 1975), so sind doch beim Huhn selbst zusätzliche Rassen- und Linienunterschiede in der Anfälligkeit zu solchen Panikreaktionen gesichert (Rothenbacher und Schwartz, 1980).

5.4 Sinnesanomalien

Von den vielen mit Depigmentierungen einhergehenden Sinnesverlusten war schon die Rede. Die schädlichen Auswirkungen extremer **Brachyzephalie** und Chondrodystrophie auf Auge und Ohr bzw. deren Hilfsorgane wurden ebenso erwähnt. In diesen Zusammenhang gehört auch die **Osteodystrophie** der *Schlappohrkatzen* („Scottish Fold"), die ihren Zustand dem unvollkommen dominanten Gen Fd verdanken, das in doppelter Dosis, d. h. bei Homozygoten schwere Skelettdefekte verursacht (Jackson, 1975; Wegner, 1995 c); daher wird von der Fold × Fold-Verpaarung abgeraten (Wagner, 1984). Es gibt jedoch Hinweise, daß auch Heterozygote, d. h. „Standardtiere", mit Gliedmaßen-, Schwanz- und Hörschäden behaftet sein können (Mathews et al., 1995), so daß nicht einsehbar ist, wieso eine solche Mutante propagiert wird (Wagner, 1991), zumal es immer wieder Ignoranten geben wird, die versuchen werden, sie „rein" zu züchten.

Mit Stummelohrigkeit auftretende **Gehörgangsanomalien** wurden auch bei anderen Arten beschrieben, so bei *Zwergkaninchen* (vgl. Kap. 2.1) und *Schweinen* (Wegner, 1986). Die wegen „Minderung der Schlachtausbeute" unbeliebten großen Ohren bei letztgenannter Art dürfen ihr somit nicht ganz fortgezüchtet werden. Die Situation bei einigen Hunderassen, wie etwa *Bassets* und *Spaniels*, ist dagegen umgekehrt. Hier schaffen überdimensionale, z.T. bis auf den Boden schlaff pendelnde „Behänge" als angezüchtete, „maladaptive Attribute" Dispositionen zu **Verletzungen** (Othämatome) und **Ohrentzündungen** (Otitiden) (Wegner, 1995c). In der Tat vollends der züchterischen Willkür preisgegeben werden die *Englischen Widderkaninchen*, denen man grotesk lange Ohren anzüchtete. Nur bei einer „vorzüglichen" Länge von über 65 cm (von Spitze zu Spitze) und einer Breite von 15 cm „winken Pokale", und reicht es nicht, wird vielfach durch Massage und Wärmebehandlung nachgeholfen. Bewegungsbehinderungen, erhöhte Verletzungsgefahr und eitrige Otitiden resultieren oft aus einer solchen züchterischen Marotte (Scholz, 1993; Isenbügel, 1996).

Zu „chirurgischen" Erkrankungen des Auges infolge züchterischer Torheit war schon in Zusammenhang mit **Glotzäugigkeit** in Kurzköpfen etc. genügend gesagt worden. Wenn es aber stimmt, daß *Terrier* (insbesondere Foxterrier) ihre Tendenz zu **Linsenluxation** und Schlundverstopfung nicht nur einem rezessiven Schadgen, sondern auch ihrem überschäumenden Temperament (bockartige Sprünge, Rauflust) verdanken (Wegner, 1995c), so sollte man hier nicht nur wegen einer besseren Sozialverträglichkeit, sondern auch aus diesem Grund züchterisch-selektiv mäßigend einwirken.

6 Abschließende Bemerkungen

6.1 Übertypisierung und Rassenwandel

Die biologische Basis domestizierter Tiere ist in Form der heute noch in freier Wildbahn vorkommenden, im Laufe von Jahrmillionen evolutionär entstandenen wilden Stammarten der Haustiere erhalten geblieben. Diese sind sowohl bezüglich ihrer Körpergröße und -gestalt als auch ihres spezifischen Verhaltensinventars optimal an ihren Lebensraum und die damit verknüpften Bedürfnisse angepaßt.

Abweichungen von diesem von der Natur vorgegebenen „Idealtypus" müssen sich zwar nicht zwangsläufig negativ für die Tiere auswirken, denn unter den speziellen Bedingungen des Hausstandes können eine ganze Reihe ungünstiger Auswirkungen durch geeignete Haltungsbedingungen und Pflegemaßnahmen kompensiert werden. Diverse Zierrassen stellen jedoch ebenso wie manche Hochleistungsnutztiere zweifellos Extremzüchtungen dar, denen die Fähigkeit zur artgemäßen und tiergerechten Lebensweise aufgrund erblicher Defekte und angezüchteter Anomalien weitgehend abhanden gekommen ist. Nun sehen Zuchtverbandsfunktionäre allerdings noch immer den Sinn und Zweck einer Haustierzucht hauptsächlich darin, „... daß das Exterieur genauso wie die stoffwechselphysiologischen Vorgänge vom Wildtyp abweichen" (Lüttwitz, 1995 b) und zeigen damit recht deutlich die Hintergründe für ihre züchterischen Aktivitäten auf. Andererseits bürden „tierische Produzenten" den Nutztieren Leistungen „unlimited" auf, die sie zu krankheitsanfälligen Hochleistungskrüppeln machen. Sind unproblematische Geburten eher die Ausnahme, und ist der Kaiserschnitt die Norm, so ist dies bei Fleischrindern genauso tierschutzrelevant wie bei Französischen Bulldogs (Wegner, 1993).

Offensichtlich steht bei manchen Rasseideologen noch immer nicht etwa das in jeglicher Hinsicht gesunde Tier im Vordergrund, sondern die rassetypische Manifestation von Anomalien und makabren Absonderlichkeiten, ganz gleich, ob dadurch Vitalitätsmängel und schwerwiegende genetische Defekte in Kauf genommen werden müssen. Es bleibt zu hoffen, daß sich im Rahmen der stetigen Neudomestikation von Heimtieren die Etablierung von genetischen Defekten und Erbfehlern nicht permanent in alter Tradition wiederholt. Schließlich hält aufgrund zunehmender Homozygotie und damit einhergehender Genverarmung nicht nur bei domestikationsgeschichtlich jungen Haustieren wie zahlreichen Ziervögeln und Zierfischen, sondern auch bei vielen mittlerweile problemlos nachzüchtbaren Reptilien und Amphibien der Mutationsboom gegenwärtig unverdrossen an (Bechtel, 1995). Solche Neumutationen erfreuen sich zumindest anfänglich bei vielen Liebhabern großer Resonanz, nicht zuletzt, weil sich damit zunächst auch z. T. ansehnliche finanzielle Gewinne erzielen lassen. Die Auswirkungen der genetischen Veränderungen auf Gesundheit und Wohlbefinden der Tiere bleiben jedoch häufig unbeachtet. So verweist Herzog (1997) zur Recht darauf, daß nicht länger das züchterisch Machbare, sondern das unter den gegebenen Rahmenbedingungen züchterisch Vertretbare Ziel einer gesellschaftlich akzeptablen Heimtierzucht sein sollte.

Bei vielen Zuchtformen liegen die Ursachen für die geschilderte Problematik auch im Nutzungswandel. Hausgeflügel und Kaninchen beispielsweise werden nicht mehr allein aus wirtschaftlichen Erwägungen gehalten, sondern dienen in immer größerem Maße der Freizeitbeschäftigung. So sind die Anfänge gezielter Geflügelzucht in den Folgejahren der industriellen Revolution zu suchen, d. h. etwa ab Ende 18. Jh. Durch die Abwanderung großer Bevölkerungsgruppen aus ländlichen Gebieten in die Städte entstand das Bedürfnis, einen letzten Rest der gewohnten Umgebung zu bewahren. Speziell die Taubenzucht nahm in diesem Zeitraum enormen Aufschwung, nicht zuletzt, weil sich Tauben ohne Schwierigkeiten auf nicht bewohnbaren Dachböden unterbringen ließen und bei Freiflughaltung einen Großteil ihres Nahrungsbedarfs auf den Feldern am Stadtrand decken konnten. Da die Rentabilität bei der Haltung solcher Zierrassen im Laufe der Zeit eine wachsend untergeordnetere Rolle spielt, wurden viele Rassemerkmale, die zwar den „Nutzwert" senken, jedoch den „Schauwert" erhöhen, dank intensiver züchterischer Bemühungen zu Exzessivbildungen umgeformt. Dadurch können allerdings gerade heute zahlreiche „Sport"-Rassen nur noch aufgrund aufwendiger Haltungs- und Pflegemaßnahmen bestehen, d. h., sie wären ohne sorgsamen Schutz durch Unterbringung in Volieren, unterstützende Maßnahmen im Rahmen der Fortpflanzung und Ammenaufzucht etc. in ihrem heutigen Erscheinungsbild nicht überlebensfähig. Hier sind viele Zuchtorganisationen zu einem Sinneswandel aufgefordert, der vor allem in einer Abkehr von der bislang propagierten gnadenlosen Besitzstandwahrung „alten Kulturgutes" hin zur Konzeption tiergerechter Musterbeschreibungen für sämtliche Rassen und dem konsequenten Ausschluß von Defektzuchten bestehen sollte.

6.2 Wann wird Zucht zur Qual?

Die „Entwicklung" von Haustieren wird oft als das größte Experiment der Menschheit bezeichnet. Gern übersehen wird allerdings, daß der Experimentierfreudigkeit beim Designen von Hobbytieren nicht nur ethisch, sondern seit 1986 auch juristisch Grenzen gesetzt sind. Durch das 1. Gesetz zur Änderung des Tierschutzgesetzes wurden erstmals gesetzliche Regelungen für die Zucht von Wirbeltieren (Fische, Amphibien, Reptilien, Vögel und Säugetiere) in Form des Paragraphen 11 aufgenommen. Relevant für den Hobbyzüchter ist insbesondere der Wortlaut des „Qualzucht"-Paragraphen 11 b. Was besagt nun dieser Passus, der, wenn man Äußerungen in einigen sog. „Fachzeitschriften" glauben darf, es offenbar ausschließlich zum Ziel hat, Kleintierzüchter pauschal zu kriminalisieren und die gesamte Kleintierzucht zu verbieten?

§ 11 b des Tierschutzgesetzes in der Fassung der Bekanntmachung vom 25. Mai 1998

(1) Es ist verboten, Wirbeltiere zu züchten oder durch bio- oder gentechnische Maßnahmen zu verändern, wenn damit gerechnet werden muß, daß bei der Nachzucht, den bio- oder gentechnisch veränderten Tieren selbst oder deren Nachkommen erblich bedingt Körperteile oder Organe für den artgemäßen Gebrauch fehlen oder untauglich oder umgestaltet sind und hierdurch Schmerzen, Leiden oder Schäden auftreten.

(2) Es ist verboten, Wirbeltiere zu züchten oder durch bio- oder gentechnische Maßnahmen zu verändern, wenn damit gerechnet werden muß, daß bei den Nachkommen

a) mit Leiden verbundene erblich bedingte Verhaltensstörungen oder mit Leiden verbundene erblich bedingte Aggressionssteigerungen auftreten oder

b) jeder artgemäße Kontakt mit Artgenossen bei ihnen selbst oder einem Artgenossen zu Schmerzen oder vermeidbaren Leiden oder Schäden führt oder

c) deren Haltung nur unter Bedingungen möglich ist, die bei ihnen zu Schmerzen oder vermeidbaren Leiden oder Schäden führen.

(3) Die zuständige Behörde kann das Unfruchtbarmachen von Wirbeltieren anordnen, wenn damit gerechnet werden muß, daß deren Nachkommen Störungen oder Veränderungen im Sinne des Absatzes 1 oder 2 zeigen.

(4) Die Absätze 1, 2 und 3 gelten nicht für durch Züchtung oder bio- oder gentechnische Maßnahmen veränderte Wirbeltiere, die für wissenschaftliche Zwecke notwendig sind.

(5) Das Bundesministerium wird ermächtigt, durch Rechtsverordnung mit Zustimmung des Bundesrates, soweit es zum Schutz der Tiere erforderlich ist, die erblich bedingten Veränderungen, Verhaltensstörungen und Aggressionssteigerungen nach den Absätzen 1 und 2 näher zu bestimmen und dabei insbesondere bestimmte Zuchtformen und Rassemerkmale zu verbieten oder zu beschränken.

Diese Aussage beinhaltet eigentlich nur Selbstverständlichkeiten, die als Grundlage für jegliche züchterische Aktivitäten dienen sollten. Die Realität zeigt jedoch, daß in vielen Bereichen der Tierzucht und besonders des Heimtierzuchtwesens bedauerlicherweise diverse Varianten, z. T. mit Rassestatus, etabliert wurden, die einer kritischen Überprüfung nicht standhalten. Leider haben sich bislang sowohl wissenschaftliche Institutionen und Behörden als auch verschiedene Heimtierzuchtverbände mit einer sachlichen Auseinandersetzung möglicher Problemfälle, der wissenschaftlichen Überprüfung von in der Liebhaberliteratur beschriebenen Zuchtdefekten und letztendlich dem Vollzug des § 11 b vielfach sehr schwer getan.

Lorz (1992) betont den offensichtlichen Fortschritt für den Tierschutz, der durch die Einfügung der entsprechenden Formulierungen erzielt wurde, jedoch enthielt das Tierschutzgesetz bisher noch keine Ermächtigungen zur Regelung bestimmter Einzelheiten in Rechtsverordnungen, wie bereits von Ruppert (1991) gefordert wurde. Zwar ist die vorsätzliche oder fahrlässige

Zucht von Wirbeltieren entgegen § 11b laut § 18 des Tierschutzgesetzes ein ordnungswidriger Verstoß, der mit einer Geldbuße bis zu 50 000 DM geahndet werden kann, doch war bisher ungeklärt, wer über die rechtsverbindliche Klassifizierung eines „qualgezüchteten" Wirbeltieres entscheidet. Darüber hinaus beinhaltet der Gesetzestext einige Formulierungen, deren Definitionen einschließlich ihrer wissenschaftlichen Überprüfbarkeit bislang kontrovers diskutiert wurden. Möglicherweise lag bislang auch mangelndes Interesse, verbunden mit einer gewissen Konfliktscheuheit bei wissenschaftlichen Einrichtungen, Tierschutz- und Tierzuchtverbänden und Behörden vor, denn welche Brisanz diese Thematik enthält, haben die vergangenen Jahre deutlich gezeigt. So erstaunt es nicht, daß trotz der Vielzahl von Defektzuchten im Heimtierbereich in der Vergangenheit bislang erst ein rechtskräftiger Schuldspruch aufgrund vorsätzlicher Qualzüchtung ergangen ist (hier: Zucht von weißen, blauäugigen Perserkatzen; Amtsgericht Kassel, Urteil vom 5. 11. 1993 – Az. 626 Js 11179.8/9399 OWi; s. a. S. 63 ff.). Es bleibt zu hoffen, daß die Neufassung des § 11 b künftig den Vollzug des Tierschutzgesetzes erleichtern wird, denn bisher hat man sich mit der Umsetzung des „Qualzucht"-Paragraphen recht schwer getan.

Dem Tierschutzbericht der Bundesregierung (Bundesministerium für Ernährung, Landwirtschaft und Forsten, 1997) ist zu entnehmen, daß zwar behördlicherseits diverse große Heimtierzuchtverbände seit Jahren auf die Bestimmungen des § 11 b hingewiesen und die Organisationen gebeten wurden, tierschutzwidrige Rassestandards zu überdenken und Übertypisierungen zu vermeiden. Insbesondere sollten die Zucht- und Preisrichter in geeigneter Weise mit den Anforderungen des § 11 b des Tierschutzgesetzes vertraut gemacht werden. Umfassende Reaktionen in Form verbandsinterner Maßnahmen, durch die sich staatliche Eingriffe erübrigen würden, sind bisher allerdings überwiegend ausgeblieben. Erst ein Erlaß des Hessischen Ministeriums für Jugend, Familie und Gesundheit im Herbst 1994, in welchem erstmals konkret verschiedene Zuchtziele bei Hunden, Katzen, Rassegeflügel und Ziervögeln als tierschutzrelevante Qualzüchtungen verboten wurden, führte bei Zuchtverbänden, Behörden, wissenschaftlichen Einrichtungen und nicht zuletzt in der Öffentlichkeit zu einer intensiven, längst überfälligen Beschäftigung mit der Thematik „Tierschutz und Heimtierzucht".

Wie dem 3. Jahresbericht der Landesbeauftragten für Tierschutz in Hessen (Hessisches Ministerium für Frauen, Arbeit und Sozialordnung, 1995) zu entnehmen ist, reagierten die betroffenen Zuchtorganisationen sehr unterschiedlich auf die Konfrontation mit der sog. „Qualzucht"-Problematik. Verbände wie die Vereinigung für Artenschutz, Vogelhaltung und Vogelzucht (AZ) sowie der Deutsche Kanarienzüchterbund (DKB) setzten sich durchaus konstruktiv mit der Problematik auseinander und reagierten unter ausdrücklichem Bezug auf die gegebene Tierschutzrelevanz mit Zuchtreglements und Standardänderungen für die indizierten Zuchtformen sowie darüber hinaus weitere Ziervogelvarianten (vgl. dazu Vereinigung Artenschutz, Vogelhaltung und Vogelzucht, 1996 a, b). Andere Tierzuchtorganisationen vermieden eine sachliche Auseinandersetzung mit der Thematik und versuchten statt dessen auf politischer Ebene Einfluß zu nehmen, was insofern Erfolg hatte, als der hessische Qualzuchterlaß beispielsweise für die betroffenen Geflügelrassen wenig später ausgesetzt wurde.

Weshalb haperte es bisher mit dem Vollzug von § 11 b des Tierschutzgesetzes? Ein wesentlicher Aspekt für die bislang unbefriedigende Umsetzung der gesetzlichen Bestimmungen dürfte die Verwendung vorab nicht mit hinreichender Genauigkeit definierter Begriffe im Gesetzestext gewesen sein. Insbesondere Termini wie „Qualzucht“ und „Nachzucht“ wurden bislang kontrovers interpretiert, was Züchter und Zuchtverbände zur Legitimation ihrer Untätigkeit nutzten, bei den Vollzugsbehörden hingegen zur Verunsicherung führte, weshalb von durchgreifenden Aktivitäten abgesehen wurde.

Wann nun wird Zucht zur Qual? Nach Bammert et al. (1993) ist im Hinblick auf § 11 b des Tierschutzgesetzes das zulässige Maß an züchterischer Freiheit überschritten, wenn Organe, Körperteile oder Verhalten bei Individuen der betroffenen Rasse im Vergleich zu anderen Zuchtformen der gleichen Art in ihren Grundfunktionen behindert sind. In diese Betrachtung ist auch die Fähigkeit zur artgemäßen Fortpflanzung einzubeziehen (Tschanz et al., 1997). Herzog (1997) betrachtet als Qualzucht „... die durch Zucht gezielt geförderte oder geduldete Ausprägung von Form-, Farb-, Leistungs- und Verhaltensmerkmalen, die zu Minderleistungen bezüglich Selbstaufbau, Selbsterhaltung und Fortpflanzung führt und sich in züchtungsbedingten morphologischen und physiologischen Schäden oder Verhaltensstörungen äußert...“ und verdeutlicht damit die breite Spanne tierschutzrelevanter Zuchtaktivitäten. Auch der Begriff „Nachzucht“ wird gegenwärtig sehr viel weiter gefaßt, als es vielen Zuchtverbänden offenbar lieb ist, da auch aufgrund von vererbten Merkmalen abgestorbene Feten und Totgeburten nach Abschluß der Organogenese zur Nachzucht gezählt werden müssen (Herzog, 1997), wodurch das Spektrum juristisch relevanter Defektzuchten beträchtlich erweitert wird. Ein vor geraumer Zeit vom Bundesministerium für Ernährung, Landwirtschaft und Forsten in Auftrag gegebenes Gutachten zum Themenkomplex soll künftig als Leitlinie sowohl für Züchter und Zuchtorganisationen als auch für die vollziehenden Behörden dienen, konkrete Empfehlungen enthalten und so die Grenzen zwischen vertretbaren Zuchtaktivitäten und Qualzüchtungen abstecken.

Häufig lamentieren Zuchtverbandsfunktionäre, daß die gesamte „Qualzucht“-Debatte eine rein deutsche Marotte sei, über die man im Ausland nur verständnislos den Kopf schütteln würde. Dies verkennt, daß sich auch dort seit langem Stimmen melden, die diese Mißstände anprangern (Rollin, 1994; Ott, 1996) und dafür den Begriff „Animal Illfare“ prägten. Wenig Beachtung findet weiterhin, daß auch im 15. Gesetz zu dem Europäischen Übereinkommen zum Schutz von Heimtieren vom 13. November 1987 dem „Qualzucht“-Verbot entsprechende Richtlinien zur Heimtierzucht enthalten sind.

Art. 5 des 15. Gesetzes zu dem Europäischen Übereinkommen vom 13. November 1987 zum Schutz von Heimtieren
Wer ein Heimtier zur Zucht auswählt, ist gehalten, die anatomischen, physiologischen und ethologischen Merkmale zu berücksichtigen, die Gesundheit und Wohlbefinden der Nachkommenschaft oder des weiblichen Elternteils gefährden können.

Sinn und Zweck eines Europäischen Übereinkommens ist es, daß mit seiner Ratifizierung auch das nationale Recht mit den vereinbarten Vorschriften in Einklang gebracht wird. Wenn hier auch noch erheblicher Handlungsbedarf besteht, ist die rechtliche Situation dennoch offensichtlich. Angesichts dieser juristischen Vorgaben können sich Züchter nicht mehr auf ausländische Rassestandards berufen, auf deren Formulierungen sie keinen Einfluß haben. Außerdem beinhaltet mit § 12 auch das deutsche Tierschutzgesetz ein Verbringungsverbot „qualgezüchteter" Wirbeltiere.

§ 12 des Tierschutzgesetzes in der Fassung der Bekanntmachung vom 25. Mai 1998

(1) Wirbeltiere, an denen Schäden feststellbar sind, von denen anzunehmen ist, daß sie durch tierschutzwidrige Handlungen verursacht worden sind, dürfen nicht gehalten oder ausgestellt werden; das Nähere wird durch Rechtsverordnung nach Absatz 2 Satz 1 Nr. 4 oder 5 geregelt.

(2) Das Bundesministerium wird ermächtigt, durch Rechtsverordnung mit Zustimmung des Bundesrates, soweit es zum Schutz der Tiere erforderlich ist,

...

4. das Verbringen von Wirbeltieren in das Inland oder das Halten, insbesondere das Ausstellen von Wirbeltieren im Inland zu verbieten, wenn an den Tieren zum Erreichen bestimmter Rassemerkmale tierschutzwidrige Handlungen vorgenommen worden sind,
5. das Halten von Wirbeltieren, an denen Schäden feststellbar sind, von denen anzunehmen ist, daß sie den Tieren durch tierschutzwidrige Handlungen zugefügt worden sind, zu verbieten, wenn das Weiterleben der Tiere nur unter Leiden möglich ist,

...

... Eine Rechtsverordnung nach Satz 1 Nr. 4 oder 5 kann nicht erlassen werden, soweit Gemeinschaftsrecht oder völkerrechtliche Verpflichtungen entgegenstehen.

Auch diese Vorschrift ist bei der Beurteilung von tierschutzwidrigen Zuchtzielen zu beachten, verhindert sie doch den Import von Rassevertretern bzw. Merkmalsträgern aus Ländern, in denen Tierschutzaspekte gegenwärtig noch eine untergeordnete Rolle spielen.

6.3 Resümee

Die Nutztierzucht und das Liebhaber-Zuchtwesen sollen hier keinesfalls pauschal in Grund und Boden verdammt werden. Zweifellos erfüllen sie eine Reihe von wichtigen Aufgaben, die ihr nicht im entferntesten abgesprochen werden sollen. Neben der Bedarfsdeckung werden z. B. alte Haustierrassen erhalten und damit ein genetisches Potential konserviert, das überzüchteten Rassen wieder – teilweise im wahrsten Sinne des Wortes – auf die Beine helfen könnte. Weiterhin sind Haustierrassen als Produkte der menschlichen Zivilisation in gewissem Sinne ein Kulturgut von historischem Interesse, wenngleich dieser Aspekt mitunter stark überstrapaziert wird. Nicht zuletzt hat die intensive Beschäftigung mit Haus- und Heimtieren pädagogischen Wert, da auf diese Weise u. U. biologische Grundphänomene relativ problemlos und ohne Entnahme von Wildtierarten aus der Natur beobachtet werden können. Darüber hinaus wird im Umgang mit Heimtieren ein gewisses Verantwortungsbewußtsein gegenüber der Kreatur entwickelt und geschult, das speziell in der heutigen Zeit sicherlich nicht deplaziert ist. Damit bieten die intensive Beschäftigung mit lebenden Kreaturen und der damit verbundene Einblick in biologische Phänomene eine wertvolle Bereicherung und Ergänzung des häufig genug naturentfremdeten Alltagslebens. Durch das organisierte Vereinsleben werden darüber hinaus soziale Kontakte mit Gleichgesinnten gefördert. Für alle diese anerkennenswerten Beweggründe ist man jedoch keinesfalls auf die Kreation von Rassen angewiesen, die die zoologisch vertretbaren Grenzen weit überschreiten.

Autoren wie Schmidt (1985, 1996) irren selbst und leiten andere fehl, wenn sie in typisch anthropozentrischer Denkweise an ihre Leserschaft herantreten:

„... Tatsächlich gestaltet der Züchter im Rahmen der biologischen Gesetzmäßigkeiten und unter Beachtung artgerechter Lebensmöglichkeiten für das Tier Modelle, die einem Bildnis, einer musikalischen Komposition oder einer Skulptur vergleichbar sind. Das menschliche Grundbedürfnis nach Kreativität und Ästhetik wird dadurch gespeist, daß in Verbindung von Tierliebe und Anwendung züchterischer Geschicklichkeit Formen und Farben sozusagen als Verwirklichung gemeinsamer Zuchtideen durch das Tier verkörpert werden. Erst dieser gemeinsamen Vorstellung entstammen die Kriterien zur Beurteilung; erst durch die Beurteilung kann ermittelt werden, welche Exemplare der Standardvorstellung als höchstem Ideal am nächsten kommen. ... Deshalb ist Rassegeflügelzucht eindeutig Sport im Sinne der Sportidee des antiken Griechenlands, wie sie in der Neuzeit wieder verstärkte Bedeutung gefunden hat. ...“.

Treffender beschreibt Otto (1910) in seinen „Beiträgen zur Kenntnis der pathologisch begründeten Unterscheidungsmerkmale bei Taubenrassen“ die Beweggründe für die züchterische Manifestierung von Zuchtdefekten:

„... Die ganzen Fehler verdanken ferner ihre Entstehung als Rasseeigentümlichkeit einer Sportlust, die sich in irrtümlicher Richtung betätigt ...“.

Es ist die leider auch heute noch von einigen Zuchtverbandsvordenkern propagierte, aber dennoch völlig abwegige Einstellung zum Tier und seinen Bedürfnissen, die Rassetiere zu „Sportartikeln“ oder willkürlich formbaren bzw. deformierbaren „Kunstwerken“ degradiert. Diese Einstellung zur Heimtierzucht und zum Ausstellungswesen mit seinen teilweise bizarren und völlig unbiologischen Standardforderungen trägt erheblich dazu bei, daß einige Rassen gegenwärtig als Qualzüchtungen im Sinne des Tierschutzgesetzes gelten müssen (Bartels, 1995; Wegner, 1995 c, 1997 c). Viele weitere – und darunter auch Nutztiere – sind zwar möglicherweise keine gesetzeswidrigen Zuchtprodukte, müssen aber dennoch als bedauerliche Endresultate konsequenter anthropozentrischer Negativselektion angesehen werden. Gesundheit, Wohlbefinden und normale, d. h. annähernd artgerechte Lebensführung – im Sinne des Wildtieres – werden biologisch obskuren, menschlich – „ästhetischen" Vorstellungen, abwegigen Standardforderungen oder einem erbarmungslosen Leistungsdenken untergeordnet.

Folgende Konsequenzen ergeben sich daraus für Nutz- und Heimtierzuchtverbände:

- *Selbstkritische Überprüfung der Zuchtziele.* Erforderlich ist eine Abkehr von der reinen Phänotypzucht hin zu einer „leistungsorientierten" Zucht, die biologische Grenzen akzeptiert. Damit ist jedoch keineswegs eine reine Hochleistungszucht auf beispielsweise übermäßig hohe Reproduktionsleistungen gemeint, sondern vielmehr eine Zuchtwertschätzung unter Einbeziehung von Faktoren wie Vitalität und Krankheitsresistenz, Vererbungsqualitäten, Reproduktionsdauer und Reproduktionserfolg einschließlich selbständiger Jungenaufzucht ohne Verwendung von Ammentieren.

- *Änderung von Zuchtzielen, die das Wohlbefinden der Tiere beeinträchtigen.* Gerade hier sind etliche Rassestandardbeschreibungen revisionsbedürftig. Verbessert werden muß darüber hinaus die Zuchtrichterausbildung, wozu nicht zuletzt auch eine konsequente Kontrolle der Bewertungsergebnisse durch eine übergeordnete Kommission gehört. Die Vergangenheit hat gezeigt, daß Rassestandardformulierung und Exterieur prämiierter Exemplare mitunter erheblich divergieren, da willkürlichem Entscheid und persönlichem „Geschmack" eines Preisrichters oftmals erheblich mehr Gewicht zukommt als den nicht selten recht unpräzise formulierten Zuchtzielen.

- *Systematische Analyse der Vererbung bestimmter Merkmale* einschließlich einer umfassenden Dokumentation in Form sorgfältiger *Zuchtbuchführung.* Beim Auftreten einer bislang unbekannten Varietät muß zunächst eine Analyse der Merkmalsvererbung erfolgen, bevor die neue Zuchtform (Mutation, Kombinationszüchtung) überhaupt in einen Rassestandard aufgenommen und zum Zuchtziel erklärt wird. Dazu gehört auch der eigenverantwortliche Verzicht auf Zuchtformen, die den Normen von § 11 b nicht entsprechen. Das bisherige Motto „Erst vermehren und erhalten, dann züchten und gestalten" ist unter Tierschutzaspekten obsolet und zeugt von einem mangelhaften Verantwortungsbewußtsein gegenüber der anvertrauten und leider häufig auch ausgelieferten Kreatur.

- *Aufdeckung von Zusammenhängen zwischen Krankheitsdispositionen, Erkrankungshäufigkeiten und Zuchtzielen.* Es ist bei einigen Zuchtverbänden schon geradezu zur Tradition geworden, daß genetisch bedingte prä- und postnatale Tierverluste durchweg einer natürlichen Mutationsrate zugeschrieben werden, während Kopplungen mit bestimmten züchterisch geförderten Merkmalen trotz fundierter wissenschaftlicher Untersuchungen ganz einfach nicht ins Denkschema passen und entsprechend negiert werden.

Abschließend bleibt festzustellen, daß sich im Rahmen der Heimtierzucht teilweise ein ganz erhebliches Defizit an tierzüchterischer, erbpathologischer und nicht zuletzt biologischer Grundbildung offenbart und dies trotz wesentlich verbesserter Informationsmöglichkeiten über biomedizinische Zusammenhänge und einer breiten Basis an wissenschaftlichen Erkenntnissen. Es ist somit viel Aufklärungsarbeit zu leisten; eine Aufgabe, die an den großen Züchterverbänden, die Hunderttausende von Mitgliedern besitzen und auch eine wirtschaftliche und politische Lobby repräsentieren, nicht spurlos vorübergehen darf. Dies gilt analog für Nutztier-Herdbuchverbände, die gerade erst anfangen zu begreifen, daß eine konsequente Indexselektion mit hoher Gewichtung der Vitalität und Krankheitsresistenz nicht einen Luxus, sondern sogar ein Mehr an Rentabilität und vor allem gesellschaftlicher Akzeptanz bedeutet.

7 Literatur

Acena, M., S. Garcia-Belenguer; M. Gascon und A. Purroy (1995): Changes in haematological and muscular profile in fighting bulls during bullfight. *Rev. méd. vét.* **146**, 277–282.

Adret-Hausberger, M., und R. Cumming (1989): Pecking behaviour of different breeds of chicks in isolation. *C. R. acad. Sci.* **309**, 703–707.

Allan, F., K. Thompson, B. Jones, H. Burbidge und R. McKinley (1996): Neutropenia with a probable hereditary basis in Border Collies. *N. Z. vet. J.* **44**, 67–72.

Amory, H., D. Desmecht, A. Linden, K. McEntee, F. Rollin, J. Beduin, B. Genicot, V. D'Orio und P. Lekeux (1994): Comparison of cardiac function in double-muscled calves with conventional muscular conformation. *Am. J. vet. Res.* **55**, 561–566.

Anders, A., F. Anders und K. Klinke (1973): Regulation of gene expression in the Gordon-Kosswig-Melanoma system. I. The distribution of the controlling genes in the genome of the Xiphophorin fish, *Platypoecilus maculatus* and *Platypoecilus variatus.* In: Schröder, J. H. [Hrsg.]: Genetics and Mutagenesis of Fish. Springer-Verlag, Berlin, Heidelberg, New York, pp. 33–52.

Anders, F. (1968): Genetische Faktoren bei der Entstehung von Neoplasmen. *Zbl. Vet. Med.* Reihe B, **15**, 29–46.

Anderson, D., und M. Badzioch (1991): Association between solar radiation and ocular squamous cell carcinoma in cattle. *Am. J. vet. Res.* **52**, 784–788.

Angelos, J., Y. Oppenheim, W. Rebhun, H. Mohammed und D. Antczak (1988): Evaluation of breed as risk factor for sarcoid and uveitis in horses. *Anim. gen.* **19**, 417–425.

Anon. (1971): Edible dogs. *Vet. Rec.* **88**, 664.

Anon. (1986): Guidelines for regulating vicious or dangerous dogs. In: Rowan, A. (1986), a. a. O.

Anon. (1987): Hermelin-Kaninchen. Oertel und Spörer, Reutlingen.

Anon. (1991): Goodbye to halothane. *Pig intern.* **21**, 36–38.

Anon. (1993): Stellungnahme zum Kupieren von Hunden. *Kleintierpraxis* **38**, 608.

Anon. (1994 a): Keine Strafe für Hunde- und Katzenesser. *Hunde* **2**, 72.

Anon. (1994 b): Der Basset. *Hunde* **2**, 132.

Anon. (1994 c): Conditional discharge in docking case. *Vet. Rec.* **134**, 103.

Anon. (1994 d): *Unser Land* **4**, 19.

Anon. (1994 e): Die weißen Fuchszwerge. *Deutscher Kleintierzüchter* **103**, Nr. 15, 4–5.

Anon. (1995): Veterinary surgeon cleared on tail-docking charge. *Vet. Rec.* **137**, 278–280.

Anon. (1996 a): Leistungsprüfungen bei Fleischrindern. *ADT-Info* **3**, 4–5.

Anon. (1996 b): Qualzucht. *Du u. d. Tier* **26**, 16–17.

Anon. (1996 c): Schmusetier als Ursache für eine Allergie? *Vet. Imp.* **5**, Nr. 12, 13.

Anon. (1997): Deutscher Club für Bullterrier. *Unser Rassehund* **7**, 42.

Antos, I., R. Breuer-Strosberg und M. Awad-Masalmeh (1996): Nachweis von Dermatophyten bei klinisch gesunden Katzen und Hunden in Wien. *Wien. Tierärztl. Mschr.* **83**, 199–201.

Apfelbach, R. (1996): Wildtier – Haustier – Versuchstier. *Tierärztl. Umschau* **51**, 157–162.

Arthur, P. (1995): Double muscling in cattle. *Aust. J. agr. Res.* **46**, 1493–1515.

Asher, J., R. Harrison, R. Morell, M. Carey und T. Friedman (1996): Effect of Pax3 modifier genes on craniofacial morphology, pigmentation and viability. *Genom.* **34**, 285–298.

Azuma, N., S. Nishima, H. Yanagisawa, T. Okuyama und M. Yamada (1996): Pax6 missense mutation in isolated foveal hypoplasia. *Nature gen.* **13**, 141–142.

Baier, (1969): Das Holländerkaninchen. *Deutscher Kleintierzüchter* **78**, Nr. 20, 15.

Bailey, C., D. Hanks und M. Hanks (1990): Circumocular pigmentation and incidence of ocular squamous cell tumors in *Bos taurus* and *Bos indicus* × *Bos taurus* cattle. *J.A.V.M.A.* **196**, 1605–1608.

Baldwin, C., C. Hoth, J. Amos, E. daSilva und A. Milunsky (1992): An exonic mutation in the HuP2 paired domain gene causes Waardenburg's syndrome. *Nature* **355**, 637–638.

Bammert, J., I. Birmelin, B. Graf, K. Loeffler, D. Marx, U. Schnitzer, B. Tschanz und K. Zeeb [unter Mitarbeit von G. Baumgartner, D. W. Fölsch, A. Grauvogl, M. Schlichting und J. Unshelm (1993): Bedarfsdeckung und Schadensvermeidung – Ein ethologisches Konzept und seine Anwendung für Tierschutzfragen. *Tierärztl. Umschau* **48**, 269–280.

Barandun, G., und D. Palmer (1982): Epiphora beim Zwergkaninchen. *Tierärztl. Prax.* **10**, 403–410.

Barclay, K., und D. Haines (1994): Immunohistochemical evidence for immunoglobulin and complement deposition in spinal cord lesions in degenerative myelopathy in German Shepherd dogs. *Can. J. vet. res.* **58**, 20–24.

Bartels, T. (1995): „Qualzüchtungen" beim Geflügel. *Dtsch. tierärztl. Wschr.* **102**, 117–119.

Bartels, T. (1996 a): Der „Qualzucht"-Paragraph 11b und seine Konsequenzen für die Vogelzucht. Teil I. *AZ-Nachrichten* **43**, Nr. 9, 689–692.

Bartels, T. (1996 b): Der „Qualzucht"-Paragraph 11 b und seine Konsequenzen für die Vogelzucht. Teil II. *AZ-Nachrichten* **43**, Nr. 10, 746–747.

Bartels, T., W. Meyer und K. Neurand (1991 a): Haut- und Gefiederveränderungen bei domestizierten Vögeln. Teil I: Hautveränderungen. *Tierärztl. Prax.* **19**, 649–658.

Bartels, T., W. Meyer und K. Neurand (1991 b): Haut- und Gefiederveränderungen bei domestizierten Vögeln. Teil III: Federhauben und Federwirbel. *Kleintierpraxis* **36**, 325–331.

Bartels, T., W. Meyer und K. Neurand (1992 a): Haut- und Gefiederveränderungen bei domestizierten Vögeln. Teil II: Gefiederveränderungen 1. *Tierärztl. Prax.* **20**, 171–177.

Bartels, T., W. Meyer und K. Neurand (1992 b): Haut- und Gefiederveränderungen bei domestizierten Vögeln. Teil II: Gefiederveränderungen 2. *Tierärztl. Prax.* **20**, 275–281.

Bartels, T., I. Wittig und R. Löhmer (1994): Untersuchungen zum Gefiederpflegeverhalten bei Haustauben (*Columba livia* f. dom.). *Zool. Anz.* **233**, 175–186.

Bartels, T., P. Egle, T. Richter und T. Schreiner (1995): Kamm-Amputation, ein tierschutzrelevanter Eingriff bei Rassehühnern. *Amtstierärztlicher Dienst und Lebensmittelkontrolle* **2**, 129–132.

Bartels, T., J. Brinkmeier, N. Kummerfeld, M.-E. Krautwald-Junghanns, U. Baulain und V. Klingmüller (1997): Voruntersuchungen zur Auswirkung des Rassemerkmales „Haube" auf die Schädel- und Hirnstruktur bei Hausenten (*Anas platyrhynchos* f. dom.). Tagung der Fachgruppen „Tierschutzrecht und gerichtliche Veterinärmedizin" und „Tierzucht, Genetik und Haltung" der Deutschen Veterinärmedizinischen Gesellschaft, Nürtingen, 20.–22. 2. 1997. Deutsche Veterinärmedizinische Gesellschaft, Gießen, pp 154–161.

Bauer, K. (1990): Untersuchungen zum aktuellen Erkenntnisstand beim Merle-Syndrom des Hundes in vergleichender Sicht und zur Korrelation zwischen Genotyp und Pigmentierung sowie Defekten der Sinnesorgane. Diss. med. vet., Hannover.

Baumeister, M. (1985): Araucanahühner gewinnen Freunde. *Geflügel-Börse* **106**, Nr. 7, 2–5.

Baumeister, M. (1987): Mutation der Araucana: Die Bommeln. *Deutscher Kleintier-Züchter* **96**, Nr. 22, 10–12.

Bayyari, G., W. Huff, N. Rath, J. Balog, L. Newberry, J. Villines, J. Skeeles, N. Anthony und K. Nestor (1997): Effect of the genetic selection of turkeys for increased body weight and egg production on immune and physiological responses. *Poult. Sci.* **76**, 289–296.

Bechtel, H. B. (1995): Reptile and Amphibian Variants. Colors, Patterns, and Scales. Krieger Publishing Company, Malabar (Florida).

Beck, P. (1995): Zwergkaninchen. Franckh'sche Verlagshandlung, Stuttgart.

Bedford, P. (1994): WSAVA/Kennel Clubs meeting. *J. small Anim. pract.* **35**, 119–122.

Bedford, P. (1996): Aspekte von erblichen Augenerkrankungen bei Rassehunden. *Waltham Focus* **6**, Nr. 4, 11–18.

Benecke, N. (1994): Der Mensch und seine Haustiere. Konrad Theiss Verlag, Stuttgart.

Bennett, R., C. DeCamp, G. Flo, J. Hauptman und M. Stajich (1996): Kinematic gait analysis in dogs with hip dysplasia. *Am. J. vet. res.* **57**, 966–971.

Bergman, P., E. McEwen, I. Kurzman, C. Henry, A. Hammer, D. Knapp, A. Hale, S.Kruth, M. Klein, J. Klausner, A. Norris, D. McCaw, R. Straw und S. Withrow (1996): Amputation and carboplatin for treatment of dogs with osteosarcoma. *J. vet. int. med.* **10**, 76–81.

Berrio, I., L. Fraga und P. Perez (1987): Influence of the naked neck gene (Na) on the incidence of pecking and cannibalism in light layers. *Cub. J. agr. Sci.* **21**, 285–289.

Bessei, W. (1983): Verhaltensveränderungen des Huhnes bei Intensivierung des Haltungssystems. *Arch. Geflügelkd.* **47**, 8–16.

Bezzel, E., und R. Prinzinger (1990): Ornithologie. Verlag Eugen Ulmer, Stuttgart.

Bickhardt, K. (1983): Zur Diagnostik der Streßanfälligkeit beim Schwein. *Prakt. Tierarzt* **64**, 335–340.

Blackshaw, J., A. Blackshaw und T. Kusano (1987): Cattle behaviour in a saleyard and its potential to cause bruising. *Austr. J. exp. Agr.* **27**, 753–757.

Blackshaw, J., R. Sutton und M. Boyhan (1994): Tail chaising or circling behaviour in dogs. *Can. pract.* **19**, Nr. 3, 7–11.

Blendinger, C., G. Müller und H. Bostedt (1994): Das „Lethal-white-foal"-Syndrom. *Tierärztl. Prax.* **22**, 252–255.

Bodingbauer, J. (1946): Entwicklungsanomalien bei Zwerghunden und deren Zusammenhänge mit endokrinen Störungen. *Wien. tierärztl. Mschr.* **33**, 293–311.

Bonnan, S. (1988): Contribution à l'étude des pertes après fécondation dans les élevages de chevaux lourds en Auvergne. *Rec. Méd. vét.* **164**, 991–995.

Bordas, A., und P. Mérat (1992 a): Performances de ponte de poules de genotype NaNa, Nana et nana d'une lignée naine (dw) de type „oeuf brun" soumise à une chaleur constante ou avec des fluctuations. *Arch. Geflügelkd.* **56**, 22–27.

Bordas, A., und P. Mérat (1992 b): Egg production response of sex-linked albino and colored hens to high and low light intensities during brooding-rearing. *Gen. Sel. Evol.* **24**, 171–177.

Brackmann, M. (1975): Vergleichende Verhaltensuntersuchungen an Haushühnern unter verschiedenen Haltungsbedingungen mit besonderer Berücksichtigung des Sozial- und Sexualverhaltens. Diss. med. vet., Hannover.

Brenneman, R., S. Davis, J. Sanders, B. Burns, T. Wheeler, J. Turner und J. Taylor (1996): The polled locus maps to BTA1 in a *Bos indicus* × *Bos taurus* cross. *J. hered.* **87**, 156–161.

Breter, M. (1978): Fraktur der Unterkiefersymphyse beim Zwergkaninchen. *Kleintierpraxis* **23**, 253–254.

Brim, M. (1993): Cat breeds. *Fel. Pract.* **21**, Nr. 4, 12–14.

Brook-Risse, R. (1991): *Unser Rassehund* **7**, 47.

Bryant, D. (1993): Dangerous dogs. *Vet. Rec.* **132**, 23–24.

Buback, J., H. Boothe und H. Hobson (1996): Surgical treatment of tracheal collapse in dogs. *J.A.V.M.A.* **208**, 380–384.

Bund Deutscher Rassegeflügelzüchter [Hrsg.] (1983): Deutscher Rassetauben-Standard (einschl. lfd. Ergänzungslieferungen). Oertel und Spörer, Reutlingen.

Bund Deutscher Rassegeflügelzüchter [Hrsg.] (1995): Deutscher Rassegeflügel-Standard (einschl. lfd. Ergänzungslieferungen). Howa Druck & Satz GmbH, Nürnberg.

Bund Deutscher Rassegeflügelzüchter (1996): Betrifft: Ausstellen von kupierten Kämpfern und Zwerg-Kämpfern. *Geflügel-Börse* **117**, Nr. 9, 33.

Burbidge, H. (1995): A review of wobbler syndrome in the Doberman Pinscher. *Austr. vet. pract.* **25**, 147–156.

Burbidge, H., D. Pfeiffer und H. Blair (1994): Canine wobbler syndrome. *N. Z. vet.* J. **42**, 221–228.

Burbidge, H., K. Thompson und H. Hodge (1995): Post natal development of canine caudal cervical vertebrae. *Res. vet. Sci.* **59**, 35–40.

Burnside, J., S. Liou und L. Cogburn (1991): Molecular cloning of the chicken growth hormone receptor complementary desoxyribonucleic acid. Endocrinol. **128**, 3183–3192.

Burrow, H. (1997): Measurements of temperament and their relationships with performance traits of beef cattle. *An. breed. abstr.* **65**, 477–495.

Butler-Wemken, I. v. (1992): Zur Vererbung der Scheckung beim Pferd. *Bayr. Pferdez. Sp.* **28**, Nr. 6, 28–29.

Cadiergues, M., und M. Franc (1995): Canine demodiosis. *Rec. méd. vét.* **171**, 383–389.

Callan, M., R. Washabau, H. Saunders, L. Kerr, C. Prymak und D. Holt (1993): Congenital esophageal hiatal hernia in the Chinese Shar-Pei dog. *J. vet. int. med.* **7**, 210–215.

Carte, I., und A. Leighton (1969): Mating behavior and fertility in the large white turkey. *Poult. Sci.* **48**, 104–114.

Casal, M. (1994): zit. n. Giger, U., *Kleintierpraxis* **39**, 433.

Casal, M., U. Sraumann, C. Sigg, S. Arnold und P. Rüsch (1994): Congenital hypotrichosis with thymic aplasia in nine Birman kittens. *J.A.A.H. ass.* **30**, 600–602.

Catanzaro, T. (1993): Purr-fect time for feline practices. *Fel. pract.* **21**, 29–30.

Caugant, A., J. Runavot, G. LeHenaff, A. Corlouer, H. Deleon, M. LeBorgne, H. Pellois und G. Petit (1989): Reproductive performance of the Pietrain boar used as a terminal sire. *Ann. zoot.* **18**, 205–206.

Charlier, C., B. Denys, J. Belanche, W. Coppieters, L. Grobet, M. Mni, J. Womack, R. Hanset und M. Georges (1996): Microsatellite mapping of the bovine roan locus. *Mamm. gen.* **7**, 138–142.

Chen, C., D. Rainnie, R. Greene und S. Tonegawa (1994): Abnormal fear response and aggressive behaviour in mutant mice deficient for α-calcium-calmodulin kinase II: *Science* **266**, 291–294.

Christmas, R. (1992): Common ocular problems in Shih Tzu dogs. *Can. vet. J.* **33**, 390–393.

Clarke, D., und H. Lobprise (1994): Some aspects of clinical paedodontics in dogs and cats. *Austr. vet. pract.* **124**, 203–209.

Claßen, H. (1986): Die Posíturkanarien. Philler-Verlag, Minden.

Clifford, D., K. Green und R. Watterson (1990): Pit bulls, origins, identification and legislation. *Pet vet.* **2**, 8–14.

Cole, L. J., und W. F. Hollander (1932): The inheritance of silky plumage in the domestic pigeon. *J. Hered.* **30**, 197–201.

Cordy, D., und T. Holliday (1989): A necrotizing meningoencephalitis of pure dogs. *Vet. path.* **26**, 191–194.

Cottle, D. (1996): Selection programs for fleece rot resistance in Merino sheep. *Austr. J. agr. res.* **47**, 1213–1233.

Craig, J. (1992): Beak trimming benefits vary among egg-strain pullets of different genetic stocks. *Poult. Sci.* **71**, 2007–2013.

Craig, J., und W. Muir (1993): Selection for reduction of beak-inflicted injuries among caged hens. *Poult. Sci.* **72**, 411–420.

Craig, J., und W. Muir (1996): Group selection for adaptation to multiple-hen cages. *Poult. Sci.* **75**, 1145–1155.

Craig, J., W. Winkler und G. Milliken (1992): Research note. *Poult. Sci.* **71**, 1959–1962.

Cribiu, E., D. Vaiman, E. Pailhoux, S. Chaffaux, C. Cotinot, J. Elsen, E. Manfredi, A. Oustry, R. Darré, M. Fellous und F. Grosclaude (1996): Genetic mapping of the polled/intersex locus in goats. *Anim. gen.* **27**, Suppl. 2, 72.

Dale, D., E. Rodger, J. Cebon, N. Ramesh, W. Hammond und K. Zzebo (1995): Long-term treatment of canine cyclic hematopoiesis with recombinant canine stem cell factor. *Blood* **85**, 74–79.

Darke, P., M. Thrusfield und C. Aitken (1985): Association between tail injuries and docking in dogs. *Vet. Rec.* **116**, 409.

Davey, C., und R. Wansbrough (1996): Tail docking. *Austr. vet. J.* **74**, 476–477.

Davis, B., und B. Davis (1976): An interesting pedigree of polydactyly in the domestic cat. *Carn. gen. newsl.* **3**, 69–74.

Dean, S. (1995): Docking of puppies' tails. *Vet. Rec.* **137**, 571–572.

Degel, K. (1982): Wie trainiert man Indische Bodenpurzler? *Geflügel-Börse* **103**, Nr. 10, 11–12.

Delverdier, M., T. Seltensperger, M. Amardeilh und J. Magnol (1995): Les mucinoses cutanées du chien et du chat. *Rev. méd. vét.* **146**, 333–339.

Denstorf, W. (1986): Untersuchungen von Plasmaproteinen beim Zebrafinken (*Taeniopygia guttata castanotis*) als Modell zum Nachweis der Elternschaft bei Wildvögeln unter gleichzeitiger Betrachtung der Auswirkung eines Schadgens bei dieser Art (Haubenbildung). Diss. med. vet., Hannover.

Detering, W. (1983): Kämpfer und Zwerg-Kämpfer der Welt. Oertel und Spörer, Reutlingen.

Detering, W., und T. Müller (1996): Der BDRG opfert erste Rassen. *Geflügel-Börse* **117**, Nr. 6, 27.

Diamond, J. (1991): Why are pygmies small? *Nature* **354**, 111–112.

Dixon, B., J. Tomlinson und K. Kraus (1996): Modified distraction-stabilization technique using an interbody polymethyl methacrylate plug in dogs with caudal cervical spondylomyelopathy. *J.A.V.M.A.* **208**, 61–68.

Dobkowitz, L. (1962): Vom Wandel der Karausche (Giebel) zum Goldfisch. *Z. Tierzüchtg. Züchtungsbiol.* **77**, 234–237.

Dodwell, G. T., und J. W. Hills (1986): Canary Standards in Colour. Nimrod Press, Liss.

Dorrestein, G. M. und J. Schrijver (1982): Een genetisch defect in de vitamine A huishouding van recessief witte kanaries. *Tijdschr. Diergeneesk.* **107**, 795–799.

Dospagambetov, A., S. Yusupov und A. Rakhimov (1990): Improvement of grey Karakuls. *Sel. Khoz. Uzbek.* **1**, 17–18.

Drevets, W., J. Price, J. Simpson, R. Todd, T. Reich, M. Vannier und M. Raichle (1997): Subgenual prefrontal cortex abnormalities in mood disorders. *Nature* **386**, 824–827.

Drobatz, K., H. Saunders, C. Pugh und J. Hendricks (1995): Noncardiogenic pulmonary edema in dogs and cats. *J.A.V.M.A.* **206**, 1732–1736.

Drobatz, K. und D. Macintire (1996): Heat-induced illness in dogs. *J.A.V.M.A.* **209**, 1894–1899.

Dugan, S., C. Curtis, S. Roberts und G. Severin (1991): Epidemiologic study of ocular/adnexal squamous cell carcinoma in horses. *J.A.V.M.A.* **198**, 251–257.

Duncker, H. (1928): Genetik der Kanarienvögel. *Bibliograph. genet.* **4**, 37–140.

Dunn, L. C., und W. Landauer (1934): The genetics of the rumpless fowl with evidence of a case of changing dominance. *J. Genet.* **33**, 217–243.

Dunner, S., C. Charlier, B. Brouwers, J. Canon und M. Georges (1996):

Double-muscling in the Asturian de los Valles breed involves the same mh locus as in the Belgian Blue breed. *Anim. gen.* **27**, Suppl. 2, 102.

Dzwillo, M. (1962): Domestikation bei Fischen. *Z. Tierzüchtg. Züchtungsbiol.* **77**, 172–185.

Eberhart, D., und K. Washburn (1993): Assessing the effects of the naked neck gene on chronic heat stress resistance in two genetic populations. *Poult. Sci.* **72**, 1391–1399.

Edery, P., T. Attié, J. Amiel, A. Pelet, C. Eng, R. Hofstra, H. Martelli, C. Bidaud, A. Munnich und S. Lyonnet (1996): Mutation of the endothelin-3 gene in the Waardenburg Hirschsprung disease (Shah-Waardenburg syndrome). *Nature gen.* **12**, 442–444.

Eggertsdottir, A., und L. Moe (1995): A retrospective study of conservative treatment of gastric dilatation-volvulus in the dog. *Act. vet. scand.* **36**, 175–184.

Egle, P. (1988): Untersuchung zur Abgangsstatistik von Jungebern verschiedener Rassen in einem Zuchtgebiet, unter besonderer Berücksichtigung des Erblichkeitsgrades von Potenzstörungen. Diss. med. vet., Hannover.

Eigenmann, J., A. Amador und D. Patterson (1988): Insulin-like growth factor I levels in proportionate dogs, chondrodystrophic dogs and in giant dogs. *Act. endocrin.* **118**, 105–108.

Ekstrand, C., und C. Linde-Forsberg (1994): Dystocia in the cat. *J. sm. anim. pract.* **35**, 459–464.

Elliott, G. (1996): Docking of dogs' tail. *Vet. Rec.* **139**, 172.

Emkow, B. (1993): Hahnenkampf als Zuchtfaktor? *Geflügel-Börse* **114**, Heft 20, 2.

Endrejat, E. (1973): In: Meyer, H., und W. Wegner (1973), a. a. O.

Engelmann, C. (1973): Die Taube – Rassetauben. Deutscher Landwirtschaftsverlag, Berlin.

Engelmann, C. (1984): Leben und Verhalten unseres Hausgeflügels. J. Neumann-Neudamm, Melsungen.

Entrikin, R. K., und L. C. Erway (1972): A genetic investigation of roller and tumbler pigeons. *J. Hered.* **63**, 351–354.

Epperlein, H. (1988): Die Kontrolle der Wanderung und Differenzierung von Neuralleistenzellen durch die extrazelluläre Matrix. *Naturwiss.* **75**, 443–450.

Everett, M. (1992): Comments on cosmetic surgery. *J.A.V.M.A.* **201**, 667–669.

Fagerland, J., W. Hagemoser und W. Ireland (1987): Ultrastructure and stereology of leucocytes and platelets of normal foxes and a fox with a Chediak-Higashi-like syndrome. *Vet. path.* **24**, 164–169.

Fairfull, R. und R. Gowe (1986): Genotypic and phenotypic parameters of spur incidence and length in White leghorn hens. *Poult. Sci.* **65**, 1995–2001.

Famula, T., A. Oberbauer und C. Sousa (1996): A threshold model analysis of deafness in Dalmatians. *Mamm. gen.* **7**, 650–653.

Farrow, B. (1988): Canine myotonia. *Proc. 6th ann. vet. med for.*, 64–66.

Fatone, G., A. Brunetti, F. Lamagna und A. Potenta (1995): Dermoid sinus and spinal malformations in a Yorkshire terrier. *J. sm. anim. pract.* **36**, 178–180.

Feddersen-Petersen, D. (1991): Aggressive Hunde – ein Tierschutzproblem. *Tierärztl. Umschau* **46**, 749–754.

Feddersen-Petersen, D. (1994): Vergleichende Aspekte der Verhaltensentwicklung von Wölfen und Haushunden. *Tierärztl. Umschau* **49**, 527–531.

Field, R., R. McCormick, D. Brown, F. Hinds und G. Snowder (1996): Collagen crosslinks in longissimus dorsi muscle from lambs expressing the callipyge gene. *J. anim. Sci.* **74**, 2943–2947.

Fingeroth, J., G. Johnson und J. Burt (1989): Neuroradiographic diagnosis and surgical repair of tethered cord syndrome in an English Bulldog with spina bifida and myeloschisis. *J.A.V.M.A.* **194**, 1300–1302.

Finnie, J., und V. Tham (1994): Colour mutant alopecia in a Kelpie × Border Collie dog. *Austr. vet. J.* **70**, 388–389.

Fischer, J. (1980): Das Buch der Kröpfer. Oertel und Spörer, Reutlingen.

Flach, M., D. Dausch und W. Wegner (1980): Augenanomalien bei Zebrafinken. *Kleintierpraxis* **25**, 505–509.

Flach, M., W. Wegner, D. Dausch und G. Oppenborn (1981): Die Bleiwange: Bei Homozygotie ein Letalfaktor? *Die Voliere* **4**, 106–109.

Fleig, D. (1981, 1983, 1985): Kampfhunde I u. II, Gladiatoren I u. II. Kynos-Verlag, Mühlenbach.

Fleig, D. (1997): Die große Kampfhundlüge. *Wuff* 5, 12–17.

Flückiger, M. (1992): Ellbogendysplasie beim Hund. *Schweiz. Arch. Tierheilkd.* **134**, 261–271.

Flückiger, M., J. Lang, H. Binder, A. Busato und J. Boos (1995): Die Bekämpfung der Hüftgelenksdysplasie in der Schweiz. *Schweiz Arch. Tierheilkd.* **137**, 243–250.

Fox, R. (1994): Taxonomy and genetics. In: The biology of the laboratory rabbit. Academic Press, London.

Fritsche, J., M. Rühli, B. Spiess und J. Bolliger (1996): Der Prolapsus bulbi beim Kleintier. *Tierärztl. Prax.* **24**, 55–61.

Fritzsche, K., H. Müller und E. Weiss (1990): Untersuchungen über die Genese des permanenten Wachstums der Schnabelwarzen bei einer Warzentaubenart. *J. vet. med.* **B 37**, 544–548.

Fukuta, K., N. Koizumi, K. Imamura, N. Goto und H. Hamada (1992): Microscopic observations of skin and lymphoid organs in the hairless dog derived from the Mexican hairless. *Exper. anim.* **40**, 69–76.

Gariepy, C., D. Cass und M. Yanagisawa (1996): Null mutation of endothelin receptor type B gene in spotting lethal rats causes aganglionic megacolon and white coat color. *Proc. nat. ac. Sci.* **93**, 867–872.

George, F. W., J. F. Noble und J. D. Wilson (1981): Female feathering in Sebright cocks is due to conversion of testosterone to estradiol in skin. *Science* **213**, 557–559.

Gerlach, H. (1994): Zuchtbedingte Anomalien bei Ziervögeln. *Tierärztl. Prax.* **22**, 319–323.

Gerlitz, S., G. Wessel, D. Wieberneit und W. Wegner (1993): Zur Problematik der Scheckenzucht beim Kaninchen. 3. Mitt. *Dtsch. tierärztl. Wschr.* **100**, 237–239.

Gesner, C. (1981): Vollkommenes Vogelbuch. Nachdruck der Ausgabe von 1669. Schlütersche Verlagsanstalt, Hannover.

Getty, T., und E. Capaldi (1994): Inheritance of rank requires inheritance of social environment. *Anim. behav.* **48**, 982–983.

Gilger, B., H. Hamilton, D. Wilkie, A. v. d. Woerdt, S. McLaughlin und R. Whitley (1995): Traumatic ocular proptoses in dogs and cats. *J.A.V.M.A.* **206**, 1186–1190.

Gill, P., C. Lippincott und S. Anderson (1996): Dorsal laminectomy in the treatment of cervical intervertebral disk disease in small dogs. *J.A.A.H. ass.* **32**, 77–80.

Gleichauf, R. (1972): Züchtungs- und Vererbungslehre für Geflügelzüchter. Verlag Fritz Pfenningstorff, Berlin, Stuttgart.

Glickman, L., N. Glickman, C. Perez, D. Schellenberg und G. Lantz (1994): Analysis for risk factors for gastric dilatation and gastric dilatation-volvulus in dogs. *J.A.V.M.A.* **204**, 1465–1471.

Goeßler, E. (1938): Untersuchungen über die Entwicklung und Entstehung von Gefiederaberrationen. Ein Beitrag zur Phänogenetik von Feder-form- und Federstellungsanomalien bei domestizierten Vogelrassen. *Arch. d. Jul.-Klaus-Stift.* **13**, 495–666.

Golze, M. (1995): Die Gans gewinnt als Weidetier wieder an Bedeutung. *Unser Land* **11/95**, 11–13.

González, L., L. Fraga, A. Palma, N. Perez und O. Gutierrez (1995): Hatching results of naked neck light birds under factorial mating. *Cub. J. agric. Sci.* **29**, 77–83.

Goodwin, D. (1983): Behaviour. In: Abs, M. [Hrsg.]: Physiology and Behaviour of the Pigeon. Academic Press, London, pp. 285–308.

Goodwin, D., J. Bradshaw und S. Wickens (1997): Paedomorphosis affects agonistic visual signals of domestic dogs. *Anim. behav.* **53**, 297–303.

Gorrel, C. (1996): Teeth trimming in rabbits and rodents. *Vet. Rec.* **139**, 528.

Grappendorf, H. (1995): Plötzliche zentral bedingte Blindheit bei einem 4 Monate alten Welpen aufgrund eines Hydrozephalus internus congenitus. *Prakt. Tierarzt* **76**, 301–302.

Greibrokk, T. (1994): Hereditary deafness in the Dalmatian. *J.A.A.H. ass.* **30**, 170–176.

Grieshaber, R. (1992): Schwanzlose europäische Zwerghühner: Zwerg-Kaulhühner und Ruhlaer Zwerg-Kaulhühner. *Geflügel-Börse* **113**, Nr. 4, 2–3.

Grigor, P., B. Hughes und M. Gentle (1995): An experimental investigation of the costs and benefits of beak trimming in turkeys. *Vet. Rec.* **136**, 257–265.

Grill, A. (1997): Der Zombie im Goldfischglas. *Mensch & Tier* **2/97**, 42–43.

Groenewald, H. (1992): Scanning electron microscopy of the mucosal surface of the forestomachs and abomasa of grey, white and black Karakul lambs. *Onderst. J. vet. res.* **59**, 167–174.

Groenewald, H., und K. Both (1992): A comparative histological study of the number and size of the myenteric ganglia and neurones in the fore-stomach and abomasum of grey, white and black Karakul lambs. *Onderst. J. vet. res.* **59**, 103–106.

Guaguère, E. (1990): Le lapin nain. *Prat. méd. chir. anim. comp.* **25**, 16–17, Suppl.

Gunn-Moore, D., und M. Thrusfield (1995): Feline dystocia. *Vet. Rec.* **136**, 350–353.

Haaren-Kiso, A. v., P. Horst und V. Zarate (1994): Direkte und indirekte Effekte des Gens für Lockenfiedrigkeit (F) auf das produktive Adaptionsvermögen von Legehennen. *Arch. Geflügelkd.* **58**, 248–257.

Hach, V., und T. Lenehan (1995): Zum Genu valgum bei einem großwüchsigen Hund. *Kleintierpraxis* **40**, 311–318.

Hadlow, W. (1997): Dubbing animal diseases with color. *Vet. path.* **34**, 74–78.

Hagenbeck, C. C. (1968): Untersuchung an Ohrmuscheln bei Deutschen veredelten Landschweinen. Diss. med. vet., Hannover.

Hall, B. (1995): Atavisms and atavistic mutations. *Nature gen.* **10**, 126–127.

Hanset R., S. Scalais und L. Grobet (1995): Du Piétrain classique au Piétrain résistant à l'halothane ou Piétrain Réhal. *Ann. méd. vét.* **139**, 23–35.

Hanset, R., C. Dasnois, S. Scalais, C. Michaux und L. Grobet (1995): Effets de l'introgression dans le génome Piétrain de l'allèle normal au locus de sensibilité à l'halothane. *Gen. sel. evol.* **27**, 77–88.

Happ, J., A. Gerspach, F. Manl, R. Standke, B. Böttger, H. Klepzig, N. Reifart, P. Althoff und G. Hör (1986): Linksventrikuläre Funktion bei Akromegalie. *Med. Klin.* **81**, 789–794.

Harms, J. W. (1938): Untersuchungen über Haustaubenrassen. *Jen. Z. Naturwiss.* **72**, 3–74.

Hart, B., und L. Hart (1997): Selecting, raising and caring for dogs to avoid problem aggression. J.A.V.M.A. **210**, 1129–1134.

Hartmann, K., S. Fischer und W. Kraft (1994): Heimtiere als Patienten in der Kleintierpraxis. *Tierärztl. Prax.* **22**, 585–591.

Harvey, C. (1989): Inherited and congenital airway conditions. *J. sm. anim. pract.* **30**, 184–187.

Hayes, A., R. Boudrieau und L. Hungerford (1994): Frequency and distribution of medial and lateral patellar luxation in dogs. *J.A.V.M.A.* **205**, 716–720.

Heckler, A. (1994): Erhebungen zur Zuchtsituation beim Eurasier und verwandten Rassen unter besonderer Berücksichtigung von genetischen Effekten auf Anomalien, Zungenpigmentierung und Sprunggelenkswinkelung. Diss. med. vet., Hannover.

Heider, H. (1993): Korneaerkrankungen bei der Katze. *Kleintierpraxis* **38**, 567–580.

Heimendahl, J. v. (1992): Das Jakob-Schaf. *Dt. Schafz.* **84**, 448–449.

Hellmers, B. (1986): Todesursachen bei Schweinen. Diss. med. vet., Hannover.

Helm, J., K. Pecelunas und D. Wages (1996): Comparison of breast scoring in three commercial turkey breeds. *J.A.V.M.A.* **209**, 347–402.

Hempel, H. (1992): Das Töten der Weißlinge – eine humanistische Tat. *Deutscher Kleintierzüchter* **101**, Nr. 4, 12.

Henke, J., M. Köhle, K. Matiasek, T. Beckurts, A. Blümel und W. Erhardt (1995): Die fulminante maligne Hyperthermie beim Schwein. *Dtsch. tierärztl. Wschr.* **102**, 57–59.

Henninger, W., und K. Hittmair (1994): CT and ultrasonographic diagnosis of canine hydrocephalus. *Vet. quart.* **16**, Suppl. 1, 59.

Henriksen, P. (1982): Survey of postmortem findings in rabbits. *Nord. vet. med.* **198**, 388–393.

Herre, W., und M. Röhrs (1983): Abstammung und Entwicklung des Hausgeflügels. In: A. Mehner und W. Hartfiel [Hrsg.]: Handbuch der Geflügelphysiologie. Gustav Fischer Verlag, Jena.

Herre, W., und M. Röhrs (1990): Haustiere – zoologisch gesehen. Gustav Fischer Verlag, Stuttgart–New York.

Herzog, A. (1997): Qualzuchten: Definitionen, Beurteilung, Erbpathologie. *Dtsch. tierärztl. Wschr.* **104**, 71–74.

Hessisches Ministerium für Frauen, Arbeit und Sozialordnung (1996): 3. Jahresbericht der Landesbeauftragten für Tierschutz in Hessen. Eigenverlag, Wiesbaden.

Heyl, H. (1994): Texelschafe im Wandel der Zeit. *Dt. Schafz.* **86**, 304–305.

Hilger, R. (1981): Hängekropf bei Kropftauben. *Deutscher Kleintier-Züchter* **90,** Nr. 23, 13.

Hillyer, E. (1994): Pet rabbits. *Vet. clin. N. Am. SAP* **24**, 25–64.

Hilsenroth, R. (1994): Canine hip dysplasia. *Can. pract.* **19**, Nr. 2, 1.

Hilsenroth, R. (1996): Skin diseases. *Can. pract.* **21**, Nr. 3, 33.

Hiltbrand, R. (1991): Die Weißen Wiener. *Deutscher Kleintierzüchter* **100**, Nr. 4, 4–5.

Hinrichs, U., R. Tobias und W. Baumgärtner (1996): Ein Fall von nekrotisierender Meningoenzephalitis beim Mops. *Tierärztl. Prax.* **24**, 489–492.

Hirota; Y., N. Koizumi, Y. Matsubara, K. Imamura und K. Fukuta (1992): Immunological features in hairless descendants derived from Mexican hairless dogs. *Jap. J. vet. Sci.* **52**, 1117–1121.

Hochleithner, M. (1993): No therapy for feather duster budgerigars. *J.A.A.V.* **7**, 98.

Holmes, J. (1993): Docking of dogs. *Vet. Rec.* **132**, 307–308.

Huang, C., Y. Cheng, H. Chang, M. Lee, C. Tai und J. Chen (1992): Effect of crossing New Zealand White and Rex rabbits on growth and reproductive performance. *J. Taiw. livest. res.* **25**, 125–130.

Huang, H., L. Fixter und C. Little (1994): Lipid content of cerumen from normal dogs and otitic canine ears. *Vet. Rec.* **134**, 380–381.

Hughes, A., V. Newton, X. Liu und A. Read (1994): A gene for Waardenburg syndrome type 2 maps close to the human homologue of the microphthalmia gene at chromosome 3p12–p14. *Nature gen.* **7**, 509–512.

Hultgren, B. (1982): Ileocolonic aganglionosis in white progeny of overo spotted horses. *J.A.V.M.A.* **180**, 289–292.

Hutt, F. B., und B. Rasmusen (1982): Animal Genetics. J. Wiley Sons, New York.

Isenbügel, E. (1996): Irrwege in der Heimtierzucht. *Schweizer Tierschutz* **123**, Nr. 3, 4–11.

Itoh, T., R. Nishimura, S. Matsunaga, T. Kodosawa, M. Mochizuki und N. Sasaki (1996): Syringomyelia and hydrocephalus in a dog. *J.A.V.M.A.* **209**, 934–936.

Jacenko, O., B. Olsen und M. Warman (1994): Of mice and men. *Am. J. Hum. gen.* **54**, 163–168.

Jackson, O. F. (1975): Congenital bone lesions in cats with folded ears. *Bull. fel. adv. bur.* **14**, Nr. 4, 2–4.

Jagdmann, K. (1990): Bericht zur Ehrlichkeit der Kaninchenzüchter. *Deutscher Kleintierzüchter* **99**, Nr. 1, 3.

James, P., R. Ponzoni, J. Walkley, K. Whiteley und J. Stafford (1987): Fleece rot in South Australian Merinos. *Proc. nat. symp. Merino imp. progr.*, 341–345.

Jödicke, R. (1978): Prachtfinken-Züchtung. Verlag Eugen Ulmer, Stuttgart.

Johnson, G., J. Turk, T. Morris, D. O' Brien und E. Aronson (1994): Occipital condylar dysplasia in two Jacob sheep. *Corn. vet.* **84**, 91–98.

Joutsenlahti, U., und F. Fors (1988): Inheritance of coat colour in ranch bred ferret. *Proc. 4th int. congr. Fur. an. prod.*, 528–530.

Kaiser, P. (1963): Studien an Körperformen von Goldfischen, zugleich ein Beitrag zur Kenntnis der Metamorphose der Knochenfische. *Z. wiss. Zool.* **168**, 4–34.

Kaleta, T., und A. Lewandowska (1987): The escape distance in farm silver foxes with regard to cronism problem. *Scientif.* **11**, 187–189.

Kamb, A. (1994): Cancer: Sun protection factor p53. *Nature* **372**, 730–731.

Kamb, A., D. Shattuck-Eidens, R. Eeles, Q. Liu, N. Gruis, W. Ding, C. Hussey, T. Tran, Y. Miki, J. Weaver-Feldhaus, M. McMlure, J. Aitken, D. Anderson, W. Bergman, R. Frants, D. Goldgar, A. Green, R. MacLennan, N. Martin, L. Meyer, P. Youl, J. Zone, M. Skolnick und L. Cannon-Albright (1994): Analysis of the p16 gene (CDKN2) as a candidate for the chromosome 9p melanoma susceptibility locus. *Nature gen.* **8**, 22–26.

Kapur, R., R. Livingston, B. Dogget, D. Sweetser, J. Siebert und R. Palmiter (1996): Abnormal microenvironmental signals underlie intestinal aganglionosis in dominant megacolon mice. *Developm. biol.* **174**, 360–369.

Kasa, F., G. Kasa und S. Kussinger (1992): Dermoid-Sinus beim Rhodesian Ridgeback. *Tierärztl. Prax.* **20**, 628–631.

Kensett, B., S. Ho und S. Touchburn (1980): Influence of level of dietary fat on the growth of dwarf chickens. *Poult. Sci.* **59**, 2065–2070.

Ketzler, I. (1997): Halbmasken – ein Todesurteil? *Mitt. St. Bernh. Kl.* **3**, 33–34.

Khan, A., R. Tiwari, K. Baghel und R. Gupta (1987): Influence of the dwarfing gene dw on egg production and viability under summer heat stress. *Brit. poult. Sci.* **28**, 541–546.

Kimura, T., und K. Doi (1994a): Responses of the skin over the dorsum to sunlight in hairless descendants of Mexican hairless dogs. *Am. J. vet. res.* **55**, 199–203.

Kimura, T., und K. Doi (1994b): Age-related changes in skin color and histologic features of hairless descendants of Mexican hairless dogs. *Am. J. vet. res.* **55**, 480–486.

Kimura, T. und K. Doi (1996): Spontaneous comedones on the skin of hairless descendants of Mexican hairless dogs. *Exp. anim.* **45**, 377–384.

Kimura, T., S. Oshima und K. Doi (1993): The inheritance and breeding results of hairless descendants of Mexican hairless dogs. *Lab. anim.* **27**, 55–58.

Kinnear, J. (1986): Using the cat in the teaching of genetics. *J. biol. educ.* **20**, 5–11.

Kirpicnikov, V. S. (1987): Genetische Grundlagen der Fischzüchtung. Deutscher Landwirtschaftsverlag, Berlin.

Klaeser, A. (1996): Achtung der Kreatur nicht in Frage stellen. *Deutscher Kleintierzüchter* **105**, Nr. 8, 14.

Klein, W. (1990): Immmunotherapie van het plaveisel-celcarcinoom bij het runderoog en het sarcoid bij het paard. *Tijds. diergen.* **115**, 1149–1155.

Klein, W. (1996): Hundezucht. Todesurteil: „Weiß“. *Du und das Tier* **26**, Nr. 3, 10–11.

Klein, W. (1997): Brutaler Welpenmord. *Du und das Tier* **27**, Nr. 3, 22–23.

Kobayashi, Y., K. Ochiai, T. Umemura, N. Goto, T. Ishida und C. Itakura (1994): Necrotizing meningoencephalitis in pug dogs in Japan. *J. comp. path.* **110**, 129–136.

Koch, P. (1987a): Abhilfe beim Hängekropf. *Geflügel-Börse* **108**, Nr. 14, 10.

Koch, P. (1987 b): Hängekropf bei Kropftauben und seine Abhilfe. *Deutscher Kleintier-Züchter* **96**, Nr. 10, 19.

Koch, P., H. Fischer und H. Schumann (1957): Erbpathologie der landwirtschaftlichen Haustiere. Paul Parey Verlag, Berlin, Hamburg.

Kohn, F. G. (1921): Beitrag zur Kenntnis der Haut des Nackthundes. *Zool. Jb.* **31**, 427–438.

Kölle, P., und R. Hoffmann (1997): Qualzuchten bei Fischen. *Dtsch. Tierärztl. Wschr.* **104**, 74–75.

König, M., A. Zimmer, H. Steiner, P. Holmes, J. Crawley, M. Brownstein und A. Zimmer (1996): Pain responses, anxiety and aggression in mice deficient in pre-proenkephalin. *Nature* **383**, 535–538.

Korbel, R., und J. Kösters (1989): Einige von Tierhaltern geforderte oder durchgeführte Operationen an gesunden Vögeln unter tierschutzrechtlichen Aspekten. *Tierärztl. Prax.* **17**, 380–387.

Köstlin, R., und J. Jonek (1986): Augenkrebs beim Deutschen Höhenfleckvieh. *Tierärztl. Prax.* **14**, 477–490.

Kräusslich, H., und G. Röhrmoser (1995): Zucht einer genetisch hornlosen Linie beim Deutschen Fleckvieh. *Züchtungskd.* **67**, 15–24.

Krautwald, F. (1910): Die Haube der Hühner und Enten. Diss. med. vet., Bern.

Krüger, J. (1994): Stabilisierung einer mandibularen Symphysenfraktur beim Zwergkaninchen. *Prakt. Tierarzt* **75**, 854–859.

Kruif, A. de (1994): Diagnosis of white heifer disease. *Vlaams dierg. tijds.* **63**, 205.

Kuhlmey, B. (1995): 100-Jahrfeier der amerikanischen Cat Fancy. *Our Cats* **3**, Nr. 4, 431–433.

Lahme, U. (1989): Der Indianer heute. *Geflügel-Börse* **110**, Nr. 2, 10–13.

Lambrechts, N. (1996): Dermoid sinus in a crossbred Rhodesian Ridgeback dog involving the second cervical vertebra. *J. S. Afr. vet. ass.* **67**, 155–157.

Lancaster, F. M. (1990): Mutations and major variants in domestic ducks. In: R. D. Crawford [Hrsg.]: Poultry Breeding and Genetics. Elsevier, Amsterdam, Oxford, New York, Tokyo, pp. 381–388.

Landsberg, G. (1991): Behaviour problems in pets. *Vet. med.* **86**, 988–1011.

Lane, J., und R. Holmes (1972): Fly catching. *Vet. ann.*, 169–173.

Laron, Z., A. Suikkari, B. Klinger, A. Silbergeld, A. Pertzelan, M. Seppälä und V. Koivisto (1992): Growth hormone and insulin-like dwarfism, growth hormone defiticiency and constitutional short stature. *Act. endocr.* **127**, 351–358.

Larsen, R. (1996): Halothane-Hepatitis. *Dt. med. Wschr.* **121**, 185.

Latimer, H. B., und P. B. Sawin (1955): Morphogenetic studies of the rabbit. *Anat. Rec.* **123**, 447–466.

Leach, L., M. Ellis, D. Sutton, F. McKeith und E. Wilson (1996): The growth performance, carcass characteristics, and meat quality of halothane carrier and negative pigs. *J. anim. sci.* **74**, 934–943.

Leenstra, F. (1993): Future prospects in poultry meat genetics. *Proc. 10th int. symp. curr. prob. av. gen.*, 23–28.

Lekeux, P., H. Amory, D. Desmecht, P. Gustin, A. Linden und F. Rollin (1994): Oxygen transport chain in double-muscled Blue Belgian cattle. *Brit. vet. J.* **150**, 463–471.

Lewis, D. (1992): Cervical spondylomyelopathy in dogs. *In pract.* **14**, 125–130.

Lienenkämper, H. (1997): Morpho- und Histometrie an Nebennieren von Hybridkaninchen mit Punktscheckungs- und Albinogen unter besonderer Berücksichtigung des Megacolon-Syndroms homozygoter Weißschecken. Diss. med. vet., Hannover.

Littlewood, J., S. Shaw und L. Coombes (1995): Vitamin K-dependent coagulopathy in a British Devon Rex cat. *J. sm. anim. pract.* **36**, 115–118.

Loeven, K. (1994): Hepatic amyloidosis in two Chinese Shar Pei dogs. *J.A.V.M.A.* **204**, 1212–1216.

Löliger, H.-Ch. (1985): Die Beurteilung von Haltungssystemen von Nutzgeflügel aus klinischer Sicht. *Tierärztl. Umschau* **40**, 791–802.

Lorenz, K. (1940): Durch Domestikation verursachte Störungen arteigenen Verhaltens. *Z. angew. Psychol. Charakterkd.* **59**, 2–81.

Lorinson, D., H. Gressl und R. Ismaler (1996): Frakturbehandlung bei Zwergkaninchen, Meerschweinchen und Chinchilla unter besonderer Berücksichtigung der extrakutanen Schienung. *Wien. tierärztl. Mschr.* **83**, 232–237.

Lorz, A. (1992): Tierschutzgesetz. Kommentar. C. H. Beck'sche Verlagsbuchhandlung, München.

Löwenstein, C. (1995): Farbmutantenalopezie bei einem Yorkshire Terrier. *Kleintierpraxis* **40**, 781–791.

Lühmann, M. (1983): Haut und Hautderivate. In: A. Mehner und W. Hartfiel [Hrsg.]: Handbuch der Geflügelphysiologie. Gustav Fischer Verlag, Jena.

Lüttwitz, M. von (1995 a): Inzucht – eine Fortpflanzungsstrategie. *Geflügel-Börse* **116**, Nr. 4, 16–18.

Lüttwitz, M. von (1995 b): Blau-weizenfarbige Araucanas. Form, Farbe, Zucht und Tierschutzgedanke. *Geflügel-Börse* **116**, Nr. 19, 2–3.

Maas, J. P. (1996): Weiße Katzen, zu Unrecht verrufen. *Katzen extra* **19**, Nr. 8, 70–74.

MacLennan, D., und M. Phillips (1992): Malignant hyperthermia. *Science* **256**, 789–794.

Madsen, J., und E. Svalastoga (1994): Inclination and anteversion of collum femoris in hip dysplasia and coxarthritis. *Act. vet. scand.* **35**, 115–119.

Mähler, M., H. Riedesel, K. Gärtner, R. Mörstedt und F. Iglauer (1993): Physiologische Hypothermie der Katzenwelpen bis zur 6. Lebenswoche. *J. vet. med.* **A 40**, 393–396.

Main, K., J. Lindholm, M. Vandeweghe und N. Skakkebaek (1993): Urinary growth hormone excretion in acromegaly. *Act. endocr.* **129**, 409–413.

Malik, R., K. Mepstaed, F. Yang und C. Harper (1993): Hereditary myopathy of Devon Rex cats. *J. sm. anim. pract.* **34**, 539–546.

Malley, D. (1994): The pet rabbit in companion animal practice. *Ir. vet. J.* **47**, 9–15.

Manderscheid, K. (1994): (Keine) schwarze(n) Zeiten für weiße Katzen?! *Katzen* **24**, Nr. 6, 5–7.

Mann, C. (1994): Behavioural genetics in transition. *Science* **264**, 1686–1689.

Männer, K. (1991): Energiewechsel von Legehennen verschiedener Genotypen unter hoher Temperaturbelastung. *Arch. Geflügelkd.* **55**, 247–257.

Marks, H. (1980): Huhn-, Struktur- und Warzentauben. A. Ziemsen Verlag, Wittenberg Lutherstadt.

Marks, H. (1989): Kurzschnäblige Tümmler. A. Ziemsen Verlag, Wittenberg Lutherstadt.

Marks, H. (1991): Unsere Lockengänse. *Deutscher Kleintier-Züchter* **100**, Nr. 5, 4–6.

Marks, S., J. Harari und W. Dernell (1993): Dermoid sinus in a Rhodesian Ridgeback. *J. sm. anim. pract.* **34**, 356–358.

Maroteaux, P. (1995): Toulouse-Lautrec's diagnosis. *Nature gen.* **11**, 362–363.

Martin, E. (1984): Aspects practiques de l'entretien et de la pathologie du lapin nain. *Point Vét.* **16**, 151–162.

Mason, B. (1991): Control of fighting dogs. *Vet. Rec.* **128**, 553.

Mason, D. (1995): Docking of puppies' tails. *Vet. Rec.* **137**, 599.

Mathet, J., E. Bensignor und P. Segault (1996): La démodécie canine. *Rec. méd. vét.* **172**, 149–165.

Mathews, K., P. Koblik, M. Knoeckel, R. Prol und J. Fyfe (1995): Resolution of lameness associated with Scottish Fold osteodystrophy following bilateral ostectomies and pantarsal arthrodeses. *J.A.A.H. ass.* **31**, 280–288.

Mathis, G. (1995): Opinion on ear cropping and tail docking. *J.A.V.M.A.* **207**, 1160.

Maxson, S. (1996): Searching for candidate genes with effects on an agonistic behavior, offense, in mice. *Behav. gen.* **26**, 471–476.

May, C., J. Hammill und D. Bennett (1992): Chinese Shar Pei fever syndrome. *Vet. Rec.* **131**, 586–587.

McCarthy, G. (1984): Idiopathic congestive cardiomyopathy of large breeds of dogs. *Ir. vet. J.* **38**, 155–158.

Melmed, S. (1993): Medical management of acromegaly. *Act. endocr.* **129**, Suppl. 1, 13–17.

Mertens, P. (1996): Canine Leckdermatitis als Ausdruck von Verhaltensstörungen. *Vet imp.* **5**, 10.

Meyer, H., und W. Wegner (1973): Vererbung und Krankheit bei Haustieren. Schaper, Hannover

Michiels, L., und M. Balligand (1996): Le syndrome dilatation-torsion de l'estomac chez le chien. *Ann. méd. vét.* **140**, 9–15.

Mickelson, J., J. Ross, R. Hyslop, E. Gallant und C. Louis (1987): Skeletal muscle sarcolemma in malignant hyperthermia. *Bioch. biophys. act.* **M 897**, 364–376.

Mijten, P., und A. de Kruif (1990): White heifer disease as a cause of herd subfertility. *Tijds. diergen.* **115**, 736–738.

Mijten, P., und A. de Kruif (1995): Caesarean section in dairy cows and in double-muscled cows. *Repr. dom. anim.*, Suppl. **3**, 82.

Miller, J. (1996): The domestic cat. *J.A.V.M.A.* **208**, 498–502.

Miller, W., J. Wellington und D. Scott (1992): Dermatologic disorders of Chinese Shar peis. *J.A.V.M.A.* **200**, 986–990.

Miller, W. J. (1956): Silky plumage in the ring neck dove. *J. Hered.* **47**, 37–40.

Mitchell, R., H. Edwards und G. McDaniel (1997): The effect of ultraviolet light and cholecalciferol and its metabolics on the development of leg abnormalities in chicken genetically selected for high and low incidence of tibial dyschondroplasia. *Poult. Sci.* **76**, 346–354.

Moisan, P., und G. Watson (1996): Ceruminous gland tumors in dogs and cats. *J.A.A.H. ass.* **32**, 448–452.

Moore, C., R. Dubielzig und S. Glaza (1987): Anterior corneal dystrophy of American Dutch belted rabbits. *Vet. path.* **24**, 28–33.

Morgan, R. (1994): Feline corneal sequestration. *J.A.A.H. ass.* **30**, 24–28

Morton, D. (1992): Docking of dogs. *Vet. Rec.* **131**, 301–306.

Morten, D. (1995): Docking of puppies' tails. Vet. Rec. **136**, 274.

Müller, S., R. Wanke und O. Distl (1995): Segregation von Pigmentzellanomalien beim Münchener Miniaturschwein Troll in Kreuzungen mit der Deutschen Landrasse. *Dtsch. tierärztl. Wschr.* **102**, 391–394.

Müller-Forrer, E. (1985): Zur Zucht des Rhodesian Ridgeback in Schweden, Deutschland, Österreich und der Schweiz. *Schweiz. Hundesp.* **101**, 702–703.

Müllers, B. (1996): Puten. Chronischer Streß. *Du und das Tier* **3**, 29–31.

Nachtsheim, H. (1958): Erbpathologie der Laboratoriumstiere. In: Cohrs, P., R. Jaffé und H. Meessen [Hrsg.]: Pathologie der Laboratoriumstiere. Band 2. Springer, Berlin–Göttingen–Heidelberg, pp. 310–452.

Nash, W. (1989): Bovine caesarean section – Belgian way. *BCVA proc.*, 239–253.

Nash, W. (1993): Bovine caesarean section. *Vet. Rec.* **132**, 47.

Nes, N., und B. Lium (1990): The Chediak-Higashi syndrome in Mansfield Pearl foxes (Omberg Pearl) and in Arctic Blue foxes is caused by gene mutation in homologous loci. *Scientif.* **14**, 27–28.

Nes, N., und J. Fougner (1986): The artic marble mutation is allelic to the White face, Platinum and Georgian white mutations in foxes. *Scientif.* **10**, 29–32.

Ness, M. (1994): Degenerative lumbosacral stenosis in the dog. *J. sm. anim. pract.* **35**, 185–190.

Nicolai, J. (1976): Evolutive Neuerungen in der Balz von Haustaubenrassen (*Columba livia* var. domestica) als Ergebnis menschlicher Zuchtwahl. *Z. Tierpsychol.* **40**, 225–243.

Nie, C. van, J. Folkerts und G. van der Woude (1987): A pigmentation phenomenon in the Himalayan rabbit. *Dtsch. tierärztl. Wschr.* **94**, 407–410.

Niehaus, H. (1952): Worauf beruht die große Sterblichkeit der Weißschekken? *Deutscher Kleintierzüchter* **19**, 6–8.

Niggemeyer, H. (1997): Der streßstabile Piétrain wird kommen – wenn er Leistung bringt! *Schweinez. Schweinem.* **45**, 12–15.

Noonan, G., J. Rand, J. Blackshaw und J. Priest (1996 a): Behavioural observations of puppies undergoing tail docking. *Appl. anim. beh. Sci.* **49**, 335–342.

Noonan, G., J. Rand, J. Blackshaw und J. Priest (1996 b): Tail docking in dogs. *Aust. vet. J.* **73**, 86–88.

Nyström, P., und K. Andersson (1993): Halothane gene effects on reproduction, production and organ weights in pigs. *Act. agr. scand.* **43**, 201–206.

Ohta, T., M. Endo, T. Nakano, Y. Morohoshi, K. Wanikawa und A. Ohga (1989): Ca-induced Ca release in malignant hyperthermia-susceptible pig skeletal muscle. *Am. J. phys.* **256**, 358–367.

Oser, G., und D. Berens von Rautenfeld (1977): Langfedrigkeit als Anomalie beim Wellensittich. *Prakt. Tierarzt* **58**, 552.

Osta, R., C. Rodellar, S. Belenguer, M. Gascon und P. Zaragoza (1994): Effect of genetic factors on the criteria of stress in fighting bulls. *Vet. res.* **25**, 442–449.

Otsu, K., V. Khanna, A. Archibald und D. MacLennan (1991): Cosegregation of porcine malignant hyperthermia and a probable causal mutation in the skeletal muscle ryanodine receptor gene in backcross families. *Genom.* **11**, 744–750.

Ott, R. S. (1996): *J.A.V.M.A.* **208**, 12.

Otter, W., F. Hill, W. Klein, L. Everse, E. Ruitenberg, L. v. d. Ven, J. Koten, P. Steerenberg, J. Faber und V. Rutten (1995): Ocular squamous cell carcinoma in Simmenthal cattle in Zimbabwe. *Am. J. vet. res.* **56**, 1440–1444.

Otto, H. (1910): Beiträge zur Kenntnis der pathologisch begründeten Unterscheidungsmerkmale bei Taubenrassen. Diss. med. vet., Bern.

Ozaki, K., H. Maeda, T. Nishikawa, M. Nishimura und I. Narama (1994): Chediak-Higashi syndrome in rats. *J. comp. Path.* **110**, 369–379.

Pabilonia, M. S., und R. G. Somes (1981): Gross morphological head and throat abnormalities of the tufted Araucana embryo. *Poultry Sci.* **60**, 1996–2000.

Pabilonia, M. S., und R. G. Somes (1983): The embryonic development of ear-tufts and associated structural head and neck abnormalities of the Araucana fowl. *Poultry Sci.* **62**, 1539–1542.

Papstein, H., und B. Ender (1997): Doppelte Lenden und kaum Fett. *DLZ agr. mag.* **48**, 134–136.

Pardue, S., N. Ring und J. Smyth (1990): Autosomal albinism affects immunocompetence in the chicken. *Dev. comp. immun.* **14**, 105–112.

Paschoud, J. (1997): Maßnahmen bei erblichen Defekten. *Hunde* **113**, Nr. 6, 25–29.

Pass, D. A. (1989): The pathology of the avian integument: A review. *Avian Pathology* **18**, 1–72.

Penrith, M., und S. van Schouwenberg (1994): Dermoid sinus in a Boerboel bitch. *J. S. Afr. vet. ass.* **65**, Nr. 2, 38–39.

Pestell, R., F. Alford und J. Best (1989): Familial acromegaly. *Act. endocr.* **121**, 286–289.

Petrick, S. (1996): The incidence of eye disease in dogs in a veterinary academic hospital. *J. S. Afr. vet. ass.* **67**, 108–110.

Petzold, H.-G. (1990): Der Guppy. A. Ziemsen Verlag, Wittenberg Lutherstadt.

Peyer, N. (1997): Die Beurteilung zuchtbedingter Defekte bei Rassehunden in tierschützerischer Hinsicht. Diss. med, vet. Bern.

Philipp, H., und K. Hollmig (1990): Hermelin, Rot- und Blauaugen. *Deutscher Kleintierzüchter* **99**, Nr. 15, 14–17.

Piechocki, R. (1990): Der Goldfisch. A. Ziemsen Verlag, Wittenberg Lutherstadt.

Pieterse, M., und J. van Dieten (1995): The dehorning of goats and kids. *Tijds. diergen.* **120**, 36–38.

Pinter, H. (1983): Handbuch der Aquarienfisch-Zucht. Kernen Verlag, Essen.

Plöger-Brembach, K. (1982): Lebendgebärende. Kernen Verlag, Stuttgart.

Plomin, R. (1990): The role of inheritance in behaviour. *Science* **248**, 183–188.

Plummer, S., S. Bunch, L. Khoo, K. Spaulding und J. Kornegay (1993): Tethered spinal cord and an intradural lipoma associated with a meningocele in a Manx-type cat. *J.A.V.M.A.* **203**, 1159–1161.

Popovitch, C., G. Smith, T. Gregor und F. Shofer (1995): Comparison of susceptibility for hip dysplasia between Rottweilers and German Shepherd dogs. *J.A.V.M.A.* **206**, 648–650.

Power, H., P. Ihrke, A. Stannard und K. Backus (1992): Use of etretinate for treatment of primary keratinization disorders in Cocker Spaniels, West Highland White Terriers and Basset Hounds. *J.A.V.M.A.* **201**, 419–429.

Prip, M. (1975): Hysteria in laying hens in Denmark. *World poult. Sci. J.* **31**, 306–308.

Pym, R. (1993): Meat genetics. *Proc. 10th int. symp. curr. probl. av. gen.*, 3–15.

Raadsma, H., A. Gilmour und W. Paxton (1988): Fleece rot and body strike in Merino sheep. *Austr. J. agr. res.* **39**, 917–934.

Räber, H. (1997): Rassewandel und neue Tierethik. *Wuff* **5**, 4–10.

Radtke, G. A. (1984): Wellensittiche. Horst Müller-Verlag, Walsrode.

Radtke, G. A. (1989): Nymphensittiche. Verlag Eugen Ulmer, Stuttgart.

Rath, N., G. Bayyari, J. Beasley, W. Huff und J. Balog (1994): Age-related changes in the incidence of tibial dyschondroplasia in turkeys. *Poult. Sci.* **73**, 1254–1259.

Rathie, K., M. Tierney und J. Mulder (1994): Assessing Wiltshire Horn – Merino crosses. *Aust. J. exp. agr.* **34**, 717–728.

Rauen, H., P. Horst und A. Zarate (1986): Bedeutung des Gens für Befiederungsreduktion und Nackthalsigkeit (Na) für das produktive Adaptionsvermögen von Legehennen unter hoher Temperatur-Dauerbelastung. *Arch. Geflügelkd.* **50**, 235–245.

Read, A. (1995): Pax genes. *Nature genet.* **9**, 333–334.

Reber, U. (1990): Hermelingeschichten. *Deutscher Kleintierzüchter* **99**, Nr. 24, 6–8.

Reissner, I. (1991): The pathophysiologic basis of behaviour problems. *Vet. clin. N. Am.* **21**, 207–225.

Rempel, W., M. Lu, S. El-Kandelgy, C. Kennedy, L. Irvin, J. Mickelson und C. Louis (1993): Relative accuracy of halothane challenge test and a molecular genetic test in detecting the gene for porcine stress syndrome. *J. anim. Sci.* **71**, 1395–1399.

Requate, H. (1959): Federhauben bei Vögeln. *Z. wiss. Zool.* **162**, 192–313.

Rissi, M. (1997): Nager mit Lockenwicklern. *Mensch & Tier* **2/97**, 40–41.

Rivas, A., L. Tintle, V. Meyers-Wallen, J. Scarlett, C. v. Tassell und Quimby (1993): Inheritance of renal amyloidosis in Chinese Shar-Pei dogs. *J. hered.* **84**, 438–442.

Robinson, R. (1993 a): Spasticity in the Devon Rex cat. *Vet. Rec.* **130**, 302.

Robinson, R. (1993 b): Expressivity of the Manx gene in cats. *J. hered.* **84**, 170–172.

Rochambeau, H. de, R. Thébault, J. Poivey und J. Vrillon (1992): Selection for total litter weight at weaning per doe and per year in two Rex rabbit strains. *J. appl. rab. res.* **15**, 1606–1614.

Rogers, K. (1994): Feline cutaneous squamous cell carcinoma. *Fel. pract.* **22**, Nr. 5, 7–9.

Rollin, B. E. (1994): Ethical questions of the month. *Can. vet. J.* **35**, 332–333.

Rothenbacher, H., und D. Schwartz (1980): History and pathologic lesions in chickens with hysteria. *Proc. 52nd ann. meet. N. E. conf. av. dis.*, 20.

Rowan, A. (1986): Dog aggression and the Pit Bull Terrier. *Proc. Wksh. Tufts Cent. Anim.*, N. Graft., Ma.

Roy, T., B. Heinrichs und R. Leach (1990): Effect of the sex-linked dwarfing gene (dw) upon skeletal development of young broiler chicks. *Poult. Sci.* **69**, 1399–1403.

Ruberte, J., S. Anor, A. Curretero, M. Vilafranca, M. Navarro, J. Mascort und M. Pumarola (1995): Malformations of the vertebral bodies and the ribs associated to spinal dysraphism without spina bifida in a Pekingese dog. J. vet. med. **A 42**, 307, 313.

Rubin, L. F. (1989): Inherited eye diseases in purebred dogs. Williams u. Wilkins Co., Baltimore.

Rudolph, W. (1997): Ist die Zucht von Zwergkaninchen tierschutzgerecht? *Deutscher Kleintierzüchter* **106**, Nr. 7, 6–7.

Ruppert, E. (1991): Tierschutz und Tierzucht – die Problematik der §§ 11 und 11 b TSchG. *Dtsch. tierärztl. Wschr.* **98**, 3.

Rusbridge, C. (1997): Persistent scratching in Cavalier King Charles Spaniels. *Vet. Rec.* **140**, 239–240.

Rusche, B. (1995): Qualzucht. *Du und das Tier* **25**, Nr. 6, 12–15.

Rüst, W. (1932): Lethalfaktoren und unvollkommene Dominanz bei Haubenenten. *Arch. Geflügelkd.* **6**, 110–116.

Ryssen, B. van, und H. van Bree (1997): Arthroscopic findings in 100 dogs with elbow lameness. *Vet. Rec.* **140**, 360–362.

Sager, H. (1963): Die Gestalt des Goldfisches *Carassius carassius auratus* (L.) und ihre Modifikabilität. *Z. wiss. Zool.* **168**, 321–375.

Samuel, J. (1989): Regression of bovine vulval squamous cell carcinoma after immunotherapy. *Austr. vet. J.* **66**, 186–187.

Sanchez Belda, A. (1995): Caballos pintos y critica de su veto para la Pura Raza Española. *Av. alim. mej. anim.* **35**, 13–24.

Sanders, G. (1991): Collie eye anomaly. *Austr. vet. pract.* **21**, 198–203.

Santos, G., und F. Silversides (1996): A method for separating sex-linked imperfect albino and nonalbino embryos before hatch. *Poult. Sci.* **75**, 585–588.

Santos, G., und F. Silversides (1996 a): Utilization of the sex-linked gene for imperfect albinism. 1. *Poult. Sci.* **75**, 1321–1329.

Santos, G., und F. Silversides (1996 b): Utilization of the sex-linked gene for imperfect albinism. 2. *Poult. Sci.* **75**, 1455–1462.

Sanyanusin, P., L. Schimment, L. McNoe, T. Ward, M. Pierpoint, M. Sullivan, W. Dobyns und M. Eccles (1995): Mutation of the PAX2 gene in a family with optic nerve colobomas, renal anomalies and vesico-ureteral reflux. *Nature gen.* **9**, 358–363.

Sasaki, K., und T. Yamaguchi (1970): Onaga-Dori (Long-tailed fowl) and their inherited studies in Japan. *World's Poultry Sci. J.* **26**, 562–568.

Saur, W. (1993): Die Züchtung von Haubenwellensittichen. *AZ-Nachrichten* **40**, 539–540

Savory, C. (1995): Feather pecking and cannibalism. *World Poult. Sci. J.* **51**, 215–219.

Sawada, K., K. Sakamaki und Y. Nishimune (1991): Effects of the W mutation for white belly spot on testicular germ cell differentiation in mice. *J. repr. fert.* **93**, 287–294.

Scanes, C., E. Dunnington, F. Buonomo, D. Donoghu und P. Siegel (1989): Plasma concentrations of insulin-like growth factors IGF-I and IGF-II in dwarf and normal chickens of high and low weight selected lines. *Gr. dev. ag.* **53**, 151–157.

Scarff, D. (1994): Sebaceous adenitis in the standard poodle. *Vet. Rec.* **135**, 264.

Schauberger, G. (1997): Die biologische Relevanz der solaren UV-Strahlung für das Tier. *Wien. tierärztl. Mschr.* **84**, 2–13.

Schawalder, P., D. Spreng, E. Dietschi, G. Dolf und C. Gaillard (1996): Die Hüftgelenksdysplasie im Umfeld von sekundären Einflüssen und ektopischen Ursachen. *Kleintierpraxis* **41**, 625–638.

Schicktanz, W. (1987): Phänomenologie, Tierschutzrelevanz und Zuchtsituation bei Positurkanarien, untersucht am Beispiel des „Gibber Italicus". Diss. med. vet., Hannover.

Schley, P. (1985): Kaninchen. Verlag Eugen Ulmer, Stuttgart.

Schlolaut, W. (1994): Das Kaninchenfell als Rohstoff für die Pelzverarbeitung. *Deutscher Kleintierzüchter* **103**, Nr. 5, 4–9.

Schlolaut, W. (1997): Sachkunde unerläßlich für gesetzeskonformen Tierschutz! *Deutscher Kleintierzüchter* **106**, Nr. 6, 20–22.

Schmid, V., und J. Lang (1993): Measurements on the lumbosacral junction in normal dogs and those with cauda equina compression. *J. sm. anim. pract.* **34**, 437–442.

Schmidt, H. (1985): Handbuch der Nutz- und Rassehühner. Verlag J. Neumann-Neudamm, Melsungen.

Schmidt, H. (1992): Zwergkaninchen und kleine Rassen. Landbuch-Verlag, Hannover.

Schmidt, H. (1996): Groß- und Wassergeflügel. Verlag Eugen Ulmer, Stuttgart.

Schmitt, H. (1995): Farbenzwerge – Rassezwerge. *Deutscher Kleintierzüchter* **104**, Nr. 20, 19.

Schmitter, H. (1995): *Katzen* **25**, Nr. 3, 3–5.

Schneider, K.-H. (1985): Gänse. Verlag J. Neumann-Neudamm, Melsungen.

Scholz, H. (1992) Hototfarbige Farbenzwerge. *Deutscher Kleintierzüchter* **101**, Nr. 20, 4–5

Scholz, H. (1993): Die Englischen Widder. *Deutscher Kleintierzüchter* **102**, Nr. 10, 10–13.

Scholz, H. (1996 a): Die bunte Welt der Zwergkaninchen. *Deutscher Kleintierzüchter* **105**, Nr. 8, 10–13.

Scholz, H. (1996 b): Die bunte Welt der Zwergkaninchen. *Deutscher Kleintierzüchter* **105**, Nr. 9, 10–13.

Schoofs, S. (1995): Ectropium and entropium in the Shar-Pei. *Vlaams Dierg. Tijds.* **64**, 156.

Schott, H. (1990): Melanoma as a cause of spinal cord compression in two horses. *J.A.V.M.A.* **196**, 1820–1822.

Schuchardt, G. (1990): Interessantes zum Thema Russenkaninchen. *Deutscher Kleintierzüchter* **99**, Nr. 15, 8–9.

Schulte-Sasse, U., und H. Eberlein (1987): Maligne Hyperthermie-Notfälle. *Dt. med. Wschr.* **112**, 614.

Schultz, V., und A. Watson (1995): Lumbosacral transitional vertebra and thoracic limb malformations in a Chihuahua puppy. *J.A.A.H. ass.* **31**, 101–106.

Schulze, D. (1985): Untersuchungen zur Vererbung, zur Phänomenologie und zur Tierschutzrelevanz der Haubenbildung bei Kanarien. Diss. med. vet., Hannover.

Schulze, W. (1987): Die weißgeborenen Pferde (sog. Kakerlaken) am Hannoverschen Hofe. *Hann. Bl.* **100**.

Schüpbach, U. (1982): Ethologische Möglichkeiten zur Beurteilung des Wohlbefindens bei Nutztieren. In: D. W. Fölsch und A. Nabholz [Hrsg.]: Ethologische Aussagen zur artgerechten Nutztierhaltung. Birkhäuser Verlag, Basel, pp. 71–77.

Schütte, J., G. Stach und J. Wolters (1994): Handbuch der Taubenrassen. Verlag Josef Wolters, Bottrop.

Scott, D. (1980): Feline dermatology 1900–1978. *J.A.A.H. ass.* **16**, 331–459.

Scott, D., und W. Miller (1996): Primary seborrhoea in English Springer Spaniels. *J. sm. anim. pract.* **37**, 173–178.

Scott, J., und J. Fuller (1965): Genetics and the social behaviour of the dog. Univ. Chicago Press.

Sebek, Z., und K. Lindlar (1997): Der Dogo Argentino. *Der Hund* **7**, 41–44.

Seiferle, E. (1983): Irrwege der modernen Rassehundezucht. In: 100 Jahre Schweiz. Kynol. Ges. Ziegler-Druck, Bern.

Seim, H. (1994): Wobbler syndrome in the Doberman Pinscher. *Can. pract.* **19**, 23–26.

Seim, H. (1995): Thoracolumbar disk disease. *Can. pract.* **20**, 8–13.

Selby, L., H. Hayes und S. Becker (1979): Epizootiologic features of canine hydrocephalus. *Am. J. vet. res.* **40**, 411–413.

Sell, A. (1994): Handbuch der Tauben. Band 1: Zucht und Vererbung bei Tauben. Schober Verlag, Hengersberg.

Sell, A. (1995): Tauben: Züchten mit System. Oertel und Spörer, Reutlingen.

Shinn, R. (1996): In favor of cropping ears, docking tails. *J.A.V.M.A.* **208**, 24.

Shomer, N., C. Louis, M. Fill, L. Litterer und J. Mickelson (1993): Reconstitution of abnormalities in the malignant hyperthermia-susceptible pig ryanodine receptor. *Am. J. phys.* **264**, C 125–135.

Silversides, F., und R. Crawford (1991): Phenotypic, embryonic, and neonatal effects of a gene for sex-linked imperfect albinism in chickens. *Poult. Sci.* **70**, 1306–1313.

Silversides, F., P. Mérat und G. Coquerelle (1992): Differential environmental effects on lesions, early growth, and mortality of imperfect albino chickens. *Poult. Sci* **71**, 813–820.

Simm, G., J. Conington, S. Bishop, C. Dwyer und S. Pattinson (1996): Genetic selection for extensive conditions. *Appl. anim. beh. Sci.* **49**, 47–59.

Simmental, N. W. S. L. (1988): Eyelid pigmentation and „spectacles“ (brille) progeny test. Apr., 1.

Simoens, P., P. Poels, P. Vyt und H. Lauwers (1994): Foramen magnum variability and occipital dysplasia in the dog. *Vlaams Dierg. Tijds.* **63**, 44–53.

Slatter, D. H., I. S. Bradley, I. J. Constable, B. Valle und L. C. Cullen (1983): Hereditary cataracts in canaries. *J.A.V.M.A.* **183**, 872–874.

Sloss, V., T. Smith und G. Yi (1986): Controlling ocular squamous cell carcinoma in Hereford cattle. *Austr. vet. J.* **63**, 248–251.

Smith, E., und T. Nelsen (1993): Effect of tumor virus susceptibility alleles on the late-feathering gene K on early growth of White Leghorns. *Poult. Sci.* **72**, 1400–1404.

Smyth, G., C. Popovitch, T. Gregor und F. Shofer (1995): Evaluation of risk factors for degenerative joint disease associated with hip dysplasia in dogs. *J.A.V.M.A.* **206**, 642–647.

Smythe, R. (1970): The dog. Foulsham, London.

Somes, R. G. (1978): Ear-tufts: a skin structure mutation of the Araucana fowl. *J. Hered.* **69**, 91–96.

Somes, R. G. (1990 a): Mutations and major variants of plumage and skin in chickens. In: R. D. Crawford [Hrsg.]: Poultry Breeding and Genetics. Elsevier, Amsterdam–Oxford–New York – Tokyo, pp. 169–208.

Somes, R. G. (1990 b): Mutations and major variants of muscles and skeleton in chickens. In: R. D. Crawford [Hrsg.]: Poultry Breeding and Genetics. Elsevier, Amsterdam, Oxford, New York, Tokyo, pp. 209–237.

Somes, R. G., und M. S. Pabilonia (1981): Ear tuftedness: a lethal condition in the Araucana fowl. *J. Hered.* **72**, 121–124.

Sosnicki, A., R. Cassens, D. McIntyre und R. Vimini (1988): Structural alterations in oedematous and apparently normal skeletal muscle of domestic turkey. *Avian Pathology* **17**, 775–791.

Sparkes, A., T. Gruffydd-Jones, S. Shaw, A. Wright und C. Stokes (1992): Epidemiological and diagnostic features of canine and feline dermatophytosis in the United Kingdom from 1956 to 1991. Vet. Rec **133**, 57–61.

Speicher, K. (1993): Kanarien. Verlag Eugen Ulmer, Stuttgart

Speicher, L. (1991): Versuchskaninchen. *Deutscher Kleintierzüchter* **100**, Nr. 22, 3.

Stach, G. (1995): Haltung und Pflege der Warzentauben. *Geflügel-Börse* **106**, Nr. 18, 8–9.

Stalis, I., B. Chadwick, B. Dayrell-Hart, B. Summers und T. Winkle (1995): Necrotizing meningoencephalitis of Maltese dogs. *Vet. path.*, 230–235.

Stallknecht, H. (1989): Lebendgebärende Zahnkarpfen und ihre Zuchtformen. Verlag J. Neumann-Neudamm, Melsungen.

Stavaux, D., T. Art, K. McEntee, M. Reznick und P. Lekeux (1994): Muscle fibre type and size, and muscle capillary density in young double-muscled Blue Belgian cattle. *J. vet. med.* **A 41**, 229–236.

Steen, H. van der, L. Schaeffer, H. de Jong und P. de Groot (1988): Aggressive behavior of sows at parturition. *J. anim. Sci.* **66**, 271–279.

Stejskal, S., und R. Aulerich (1990): Die Verwendung von Nerzohren in der

biomedizinischen Forschung. *Dt. Pelzt.* **64**, Nr. 3, 53.
Stickle, R., G. Sparschu, N. Love und R. Walshaw (1992): Radiographic evaluation of esophageal function in Chinese Shar Pei pups. *J.A.V.M.A.* **201**, 81–84.
Stigen, Ö. (1991): Calcification of intervertebral discs in the Dachshund. *Act. vet. scand.* **32**, 197–203.
Stigen, Ö., und K. Christensen (1993): Calcification of intervertebral discs in the Dachshund. *Act. vet. scand.* **34**, 357–361
Strain, G. (1992): Deafness in dogs and cats. *Proc. 10th ACVIM for.* **10**, 275–278.
Strain, G. (1996): Aetiology, prevalence and diagnosis of deafness in dogs and cats. *Brit. vet. J.* **152**, 17–36.
Strain, G., M. Kearney, I. Gignac, D. Levesque, H. Nelson, B. Tedford und L. Remsen (1992): Brainstem auditory-evoked potential assessment of congenital deafness in Dalmatians. *J. vet. int. med.* **6**, 175–182.
Stucki, F. (1998): Die Beurteilung zuchtbedingter Defekte bei Rassegeflügel, Rassetauben, Rassekaninchen und Rassekatzen in tierschützerischer Sicht. Diss. med. vet. Bern.
Su, H., F. Silversides und P. Villeneuve (1994): Production and quality of eggs from sex-linked imperfect albino and nonalbino hens kept under commercial conditions. *Poult. Sci.* **73**, 1813–1821.
Suchalla, H. (1943): Variabilität und Erblichkeit von Schädelmerkmalen bei Zwerg- und Riesenrassen; dargestellt an Hermelin- und Widderkaninchen. *Z. Morph. Anthrop.* **40**, 274–331.
Sullivan, T. (1994): Skeletal problems in poultry. *Poult. Sci.* **73**, 879–882.
Sundberg, J., E. Smith, A. Herron, A. Jenson, R. Burk und M. v. Ranst (1994): Involvement of canine oral papillomavirus in generalized oral and cutaneous verrucosis in a Chinese Shar Pei dog. *Vet. path.* **31**, 183–187.
Sundberg, J., T. Burnstein, E. Page, W. Kirkham und F. Robinson (1977): Neoplasms of equide. *J.A.V.M.A.* **170**, 150–152.
Swalla, B., und W. Jefferey (1996): Requirement of the Manx gene for expression of chordate features in a tailness ascidian larva. *Science* **274**, 1205–1208.
Swank, R., M. Reddington und E. Novak (1996): Inherited prolonged bleeding time and platelet storage pool deficiency in the subtle gray mouse. *Lab. anim. Sci.* **46**, 56–60.
Swank, R., M. Reddington, O. Howlett und E. Novak (1991): Platelet storage pool deficiency with inherited abnormalities of the inner ear in the mouse pigment mutants muted and mocha. *Blood* **78**, 2036–2044.
Swank, R., S. Jiang, M. Reddington, J. Conway, D. Stephenson, M. McGarry und E. Novak (1993): Inherited abnormalities in platelet organelles and platelet formation and associated altered expression of low molecular weight guanosine triphosphate-binding proteins in the mouse pigment mutant gunmetal. *Blood* **81**, 2626–2635.
Swenshon, A. (1997): Rassekaninchenhaltung in Deutschland unter tierschutzrechtlichen Aspekten. *Deutscher Kleintierzüchter* **106**, Nr. 1, 4–6.
Swenson, L., L. Audell und A. Hedhammar (1997): Prevalence and inheritance of and selection for hip dysplasia in seven breeds of dogs in Sweden and benefit: cost analysis of a screening and control program. *J.A.V.M.A.* **210**, 207–214.
Swenson, L., L. Audell und A. Hedhammar (1997): Prevalence and inheritance of and selection for elbow arthrosis in Bernese Mountain dogs and Rottweilers in Sweden and benefit: cost analysis of a screening and control program. *J.A.V.M.A.* **210**, 215–221.
Sykes, A. (1994): Parasitism and reproduction in farm animals. *Anim. prod.* **59**, 155–172.
Tao, Y. (1992): A survey of rex breeding in China. *J. appl. rab. res.* **15**, 1651–1657.
Tao, Y. (1994): Studies on the quality of

Rex rabbit fur. *World rab. Sci.* **2**, 21–24.
Taschke, A., und D. Fölsch (1997): Ethologische, physiologische und histologische Untersuchungen zur Schmerzbelastung der Rinder bei der Enthornung. *Tierärztl. Praxis* 25, 19–27.
Taschke, A., C. Menke, S. Waiblinger und D. Fölsch (1994): Die Enthornung von Kühen muß nicht sein. *Schweiz. Tierschutz* **121**, Nr. 1, 42–49.
Tassabehji, M., A. Read, V. Newton, R. Harris, R. Balling, P. Gruss und T. Strachan (1992): Waardenburg's syndrome patients have mutations in the human homologue of the Pax-3 paired box gene. *Nature* **355**, 635–636.
Teichfischer, B. (1994): Goldfische in aller Welt. Tetra-Verlag, Melle.
Thies, D. (1995): Weiße Katzen mit blauen Augen. *Katzen* **25**, Nr. 2, 5–7.
Thomas, P., und J. Buntine (1987): Man's best friend? *Med. J. Aust.* **147**, 536–540.
Thomson, M., und G. Robins (1995): Osteochondrosis of the elbow. *Austr. vet. J.* **72**, 375–378.
Thorp, B. (1994): Skeletal disorders in the fowl. *Avian Pathol.* **23**, 203–236.
Tipold, A., R. Fatzer, A. Jaggy, A. Zurbriggen und M. Vandevelde (1993): Necrotizing encephalitis in Yorkshire Terriers. *J. sm. anim. pract.* **34**, 623–628.
Tissot, R., C. Beattie und M. Amoss, (1989): The swine leucocyte antigen complex and Sinclair swine cutaneous malignant melanoma. *Anim. gen.* **20**, 51–57.
Trapezov, O. (1987): Selection for the defensive reaction toward man in American mink. *Genetika* **23**, 1120–1127.
Tschanz, B., A. Grauvogl, K. Loeffler, D. Marx und J. Unshelm [in Zusammenarbeit mit J. Bammert, G. Baumgartner, W. Bessei, I. Birmelin, D. W. Fölsch, U. Knierim, A. Straub, M. Schlichting, U. Schnitzer und K. Zeeb] (1997): Die Fortpflanzung und ihre Einbeziehung in das Bedarfsdekkungs- und Schadensvermeidungskonzept (ethologisches Konzept für Tierschutzfragen). *Tierärztl. Umschau* **52**, 221–226.
Turner, S. (1994): Deafness in dalmatians and other breeds. *Vet. Rec.* **134**, 200.
Turnwald, G., und J. Hoover (1994): The diagnostic evaluation of obstructive breathing patterns. *Vet. med.* **89**, 117–125.
Ulrichs, C. (1996): Blutige Kämpfe. *Du und das Tier* **26**, Nr. 4, 18.
Urioste, M., M. Martinez-Frias, E. Bermejo, A. Villa, N. Jimenez, D. Romero und C. Nieto (1994): Chromosome 4p16 and osteochondroplasias. *Nature gen.* **6**, 334.
Usha, A., D. Lester und J. Williams (1997): Dwarfism in Dexter cattle is not caused by the mutations in FGFR3 responsible for achondroplasia in humans. *Anim. gen.* **28**, 55–57.
Vainisi, S., und K. Packo (1995): Management of giant retinal tears in dogs. *J.A.V.M.A.* **206**, 491–495.
Valverde, P., E. Healy, I. Jackson, J. Rees und A. Thody (1995): Variants of the melanocyte-stimulating hormone receptor gene are associated with red hair and fair skin in humans. *Nature gen.* **11**, 328–330.
Vereinigung für Artenschutz, Vogelhaltung und Vogelzucht [Hrsg.] (1996 a): AZ-AEZ-DKB-Exoten-Standard. Schaper, Hannover
Vereinigung für Artenschutz, Vogelhaltung und Vogelzucht [Hrsg.] (1996 b): Standard für Großsittich- und Papageienarten. Schaper, Hannover
Verhoeven, G. (1996): Acral lick dermatitis in dogs. *Vlaams dierg. tijds.* **65**, 341–342.
Vierke, J. (1986): Labyrinthfische. Franckh'sche Verlagshandlung, Stuttgart.
Vigneron, P., C. Bressot und J. Goussopoulus (1980): Effet du gene nanisme lié au sexe dw sur la croissance du poulet. *Ann. gén. sél. anim.* **12**, 181–189.
Vins, T. (1993): Wellensittiche. Verlag Eugen Ulmer, Stuttgart.
Vogan, K., D. Epstein, D. Trasler und P. Gros (1993): The Splotch-delayed

mouse mutant carries a point mutation within the paired box of the Pax-3 gene. *Genom.* **17**, 364–369.
Vogel, C. (1983): Die Taube – Taubenkrankheiten. Schober, Hengersberg.
Vogel, C. (1992): Tauben. Deutscher Landwirtschaftsverlag, Berlin.
Vonderfecht, S., T. Bowling und M. Cohen (1983): Congenital intestinal aganglionosis in white foals. *Vet. path.* **20**, 65–70.
Voßeler, B. (1990): Die Zwergkaninchen. *Deutscher Kleintierzüchter* **99**, Nr. 9, 22–24.
Wagner, O. (1984): *Katzen* **14**, 8.
Wagner, O. (1991): *Katzen* **21**, Nr. 5, *26.*
Wagner, O. (1996): Stellungnahme zum Gutachten § 11 b des Tierschutzgesetzes. *Katzen* **26**, Nr. 6, 10–11.
Wagner, O. (1997): Buchbesprechungen. *Katzen* **27**, Nr. 1, 34–35.
Waibl, H. (1994): Erkrankungen des Ellbogengelenks. *Prakt. Tierarzt* **75**, 393–394.
Walter, J., und A. Kirchhoff (1995): Erkrankungsursachen junger Hunde im Sektionsgut. *Berl. Münch. tierärztl. Wsch.* **108**, 121–126.
Wansbrough, R. (1996): Cosmetic tail docking of dogs. *Austr. vet. J.* **74**, 59–63.
Ward-Challoner, A. (1997) [in der fehlerhaften Übersetzung von O. Wagner]: Europas Medusa reckt ihr häßliches Haupt. *Katzen* **27**, Nr. 3, 16.
Waters, D., G. Breur und J. Toombs (1993): Treatment of common forelimb fractures in miniature- and toy-breed dogs. *J.A.A.H. ass.* **29**, 442–448.
Webber, R., R. Fox und L. Sokoloff (1981): In vitro culture of rabbit growth plate chondrocytes. *Growth* **45**, 269–278.
Wegner, W. (1971 a): Das Herzgewicht, ein hoch erbliches Merkmal beim Schwein. *Arch. Kreisl.* **64**, 1–22.
Wegner, W. (1971 b): Zur biologischen Variation einiger quantitativ-funktioneller Merkmale der Nebennieren. *Endokrinol.* **58**, 140–166.
Wegner, W. (1971 c): Merle-Faktor bei einem Zwergrauhhaardackel. Dtsch. tierärztl. Wschr. **78**, 476.
Wegner, W. (1981): Zur Statistik und zur Zuchtsituation beim Dalmatiner. *Dalm. Post* **3**, 3–10.
Wegner, W. (1986): Defekte und Dispositionen. Verlag M. & H. Schaper, Hannover.
Wegner, W. (1987): Genetisch bedingte Zahnanomalien. *Prakt. Tierarzt* **68**, 19–22.
Wegner, W. (1988): Vorprogrammiertes und induziertes Verhalten beim Hund. *Dtsch. tierärztl. Wschr.* **95**, 67–69.
Wegner, W. (1990): Haltung von Kampfhunden. *Dtsch. tierärztl. Wschr.* **97**, 169–171.
Wegner, W. (1991): Tierschutzaspekte in der Tierzucht. *Dtsch. tierärztl. Wschr.* **98**, 6–9.
Wegner, W. (1993): Genetisch bedingte Geburtsstörungen. In: Tiergeburtshilfe. Parey, Berlin.
Wegner, W. (1994): Defektzucht bei Katzen – ein aktuelles, prinzipiell wichtiges Urteil. Katzen-Mag. **3**, 64–65.
Wegner, W. (1995 a): Defekt- und Qualzuchten bei Kleintieren – der § 11 b Tierschutzgesetz ist anwendbar. *Prakt. Tierarzt* **76**, 11–17.
Wegner, W. (1995 b): Ist gesetzeskonforme Zucht gesprenkelter und depigmentierter Hunderassen möglich? *Schweiz. Tierschutz* **122**, Nr. 4, 23–28.
Wegner, W. (1995 c): Kleine Kynologie. 4. Aufl. Terra-Verlag, Konstanz.
Wegner, W. (1995 d): Kritische Überlegungen zur Züchtung mit Farbgenen. *Cats* **4**, 24–27.
Wegner, W. (1996 a): Zum Thema Tierschutz. *Info 8, Ldvbd. Rheinl./Nassau Rassekaninch.-Zücht.*, 16–17.
Wegner, W. (1996 b): Stellungnahme zum Artikel des Herrn J. P. Maas. *Katzen extra* **19**, Nr. 10, 65.
Wegner, W. (1997 a): Gutachten über „Kampfhunde". *Vet imp.* **6**, Nr. 5, 12–13.
Wegner, W. (1997 b): Tierschutzaspekte in der Tierzucht. In: Sambraus, H. H. und A. Steiger [Hrsg.]: Das Buch vom Tierschutz. Ferdinand Enke Verlag, Stuttgart.

Wegner, W. (1997 c): Zur Problematik der Zwergkaninchen-Zucht. *Dtsch. tierärztl. Wschr.* **104**, 181–183.
Wegner, W., und A. Akcan (1980): Auswirkungen des Merlefaktors auf die Area optica beim Hund. *Dtsch. tierärztl. Wschr.* **87**, 342.
Wegner, W., und S. Lindhoff (1996): Polydaktylie bei einer „Superscratcher“-Katze. *Dtsch. tierärztl. Wschr.* **103**, 144.
Wegner, W., und I. Reetz (1977): Störungen der Schwimmfähigkeit bei Tigerteckeln. *Dtsch. tierärztl. Wschr.* **84**, 29–30.
Weisse, W. (1990): In: Hamann, W. [Hrsg.]: Wer hat Angst vorm bösen Hund? Hamann- Verlag, Essen.
Wennrich, G. (1978): Huhn. In: Sambraus, H. H. [Hrsg.]: Nutztierethologie. Paul Parey, Berlin – Hamburg, pp. 249–274
Wenthe, M., und B. Lazarz (1995): Ein Fall von atavistischer Polydaktylie an der Hinterextremität der Hauskatze. *Kleintierpraxis* **40**, 617–619.
Wessel, G. (1993): Histometrische Messungen an Darmschichten und zur intestinalen Ganglienversorgung bei hetero- und homozygoten Scheckenkaninchen. Diss. med. vet., Hannover.
Westergaard, C. (1991): Hvite Boxere?! *Norsk vet. tids.* **103**, 1039–1041.
White, R. (1995): Unilateral arytenoid lateralisation and extraluminal polypropylene ring prostheses for correction of tracheal collapse in the dog. *J. sm. anim. pract.* **36**, 151–158.
White, R., und J. Williams (1994): Tracheal collapse in the dog. *J. sm. anim. pract.* **35**, 191–196.
White, S. (1993): Congenital and genetic skin disease. *Tijds. dierg.* **118**, Suppl. 1, 53–57.
White, S., R. Rosychuk, K. Scott, A. Hargis, C. Jones und A. Trettien (1995): Sebaceous adenitis in dogs and results of treatment with isotretinoin and etretinate. *J.A.V.M.A.* **207**, 197–200.
Whitley, R., S. McLaughlin und B. Gilger (1995): Update on eye disorders among purebred dogs. *Vet. med.* **90**, 574–592.
Whitley, R., B. Gilger, E. Whitley und S. McLaughlin (1993): Diseases of the orbit, globe, eyelids, and lacrimal system in the cat. *Vet. med.* **88**, 1150–1162.
Wieberneit, F. und W. Wegner (1993): Aufklärung tut not. *Deutscher Kleintierzüchter* **102**, Nr. 9, 17–18.
Wieberneit, F., N. Mahdi, S. Gerlitz, G. Wessel, B. Lier und W. Wegner (1992): Scheckenzucht aus wissenschaftlicher Sicht. *Deutscher Kleintierzüchter* **101**, Nr. 9, 12–15.
Widmann-Acanal, B. (1992): Rasseneffekte auf Fortpflanzungs- und Welpenabgangsrate bei Hunden unter gleichzeitiger Berücksichtigung rassebedingter Dystokiedispositionen bei einigen Hunde- und Katzenrassen. Diss. med. vet., Hannover.
Wilken, H. (1998): Mikroskopisch-anatomische Untersuchungen an den Augen „albinotischer“ und normalpigmentierter Farbschläge des Wellensittichs (*Melopsittacus undulatus*). Diss. med. vet., Hannover.
Willert, R. (1989): Besuch bei den Kunas auf Ustupu. *VET* **4**, Nr. 1, 46–49.
Wilson, B., P. Nieberg, R. Buhr, B. Kelly und F. Schultz (1990): Turkey muscle growth and focal myopathy. *Poult. Sci*, **69**, 1553–1562.
Wimmers, K., P. Schmidt, A. Valle-Zarate, G. Brockmann, P. Horst und M. Schwerin (1996): Molecular analysis of a new variant of the ev21 insertion/K-gene complex in the super slow feathering Nunukan chicken. *J. anim. breed.* **113**, 323–329.
Winand, N. (1994): Inherited myopathy of Devon Rex cats. *Fel. health top.* **9**, 1–2.
Wittmann, F. (1992): Polydaktylie bei einer Katze. *Prakt. Tierarzt* **73**, 709.
Witzel, D., J. Joyce und E. Smith (1977 a): Electroretinography of congenital night blindness in an Appaloosa filly. *J. equi. med. surg.* **1**, 226–229.
Witzel, D., R. Riis, W. Rebhuhn und R. Hillman (1977 b): Night blindness in the Appaloosa. *J. equi. med. surg.* **1**, 383–386.
Wolf, P., und J. Kamphues (1996): Un-

tersuchungen zu Fütterungseinflüssen auf die Entwicklung der Incisivi bei Kaninchen, Chinchilla und Ratte. *Kleintierpraxis* **41**, 723–732.

Wood, J., A. Delauche und K. Lakhani (1996): The problem of inherited diseases. *J. small anim. pract.* **37**, 559–561.

Wurst, H. (1995): Weiße Fuchszwerge. *Deutscher Kleintierzüchter* **104**, Nr. 22, 4–5.

Yokohama, T., D. Silversides, K. Waymire, B. Kwon, T. Takeuchi und P. Overbeek (1990): Conserved cysteine to serine mutation in tyrosinase is responsible for the classical albino mutation in laboratory mice. *Nucl. ac. res.* **18**, 7293–7298.

Zentek, J., H. Meyer und K. Dämmrich (1995 a): Über den Einfluß einer unterschiedlichen Energieversorgung wachsender Doggen auf Körpermasse und Skelettentwicklung. *J. vet. med.* **A42**, 69–80.

Zentek, J., K. Dämmrich und H. Meyer (1995 b): Zur Pathogenese fütterungsbedingter Skeletterkrankungen bei Junghunden großwüchsiger Rassen. *Kleintierpraxis* **40**, 469–482.

Ziegler, A., A. Jonason, D. Lefell, J. Simon, H. Sharma, J. Kimmelman, L. Remington, T. Jacks und D. Brash (1994): Sunburn and p53 in the onset of skin cancer. *Nature* **372**, 773–776.

Ziswiler, V. (1963): Erbgang und Manifestationsmuster des Faktors „Haube“, eines Subvitalfaktors des Wellensittichs (*Melopsittacus undulatus*). *Arch. d. Jul. Klaus-Stift.* **38**, 145–165.

Zitterbart, E. (1996): Meisterschaft der Indischen Bodenpurzler. *Deutsche Geflügelzeitung* **44**, Nr. 6, 30.

8 Register